MANIFESTIEREN SIE WÜNSCHE IN DER REALITÄT: DOLORES CANNON LEHRT UNS WIE

MIT PRAKTISCHEN TECHNIKEN UND ZUSAMMENGEFASSTEN TRANSKRIPTIONEN VON ZWEI KONFERENZEN VON DOLORES CANNON AM ANFANG DES BUCHES

LUMINALIBRIA

WIDMUNG

An alle, die ihre Wünsche in die Realität manifestieren möchten, mit Liebe und Dankbarkeit, ist dieses Buch gewidmet. Mögen die praktischen Lehren und inspirierenden Konferenzen von Dolores Cannon in diesen Seiten Sie auf Ihrer Reise zur Verwirklichung Ihrer Träume führen. Möge jedes Wort ein Leuchtturm auf Ihrem Weg zur bewussten Manifestation sein. Mit Zuneigung und Hoffnung, möge dieses Buch ein treuer Begleiter auf Ihrer Reise des Wachstums und der Transformation sein.

Mit freundlichen Grüßen,

LuminaLibria

INHALT

NOTIZEN ZUR BIOGRAFIE

Dolores Cannon war eine amerikanische Schriftstellerin, Forscherin und Hypnotherapeutin, die ihr Leben der Erforschung vergangener Leben und außerirdischer Erfahrungen ihrer Kunden widmete. Geboren 1931 in Missouri, stammte sie aus einer Familie irischer Abstammung. Schon in jungen Jahren zeigte sie Interesse an Lesen, Schreiben und Geschichte. Sie heiratete Johnny Cannon, einen Militärangehörigen der US-Luftwaffe, mit dem sie vier Kinder hatte. Sie begleitete ihren Mann zu verschiedenen Militärbasen in den USA und im Ausland, was ihr die Möglichkeit gab, verschiedene Kulturen und Traditionen kennenzulernen. Im Jahr 1968 begann Dolores Cannon mit Experimenten in Hypnose, inspiriert durch ihren Mann, der sich für Hypnotismus begeisterte. Gemeinsam hypnotisierten sie eine Frau, die Erinnerungen an vergangene Leben offenbarte. Diese Erfahrung weckte Dolores' Neugier und Faszination, und sie beschloss, das Thema hypnotische Regression weiter zu erforschen. Im Jahr 1970 hatte sie eine außergewöhnliche Begegnung: Eine Frau, die sich unter Hypnose als Nostradamus, den berühmten Propheten des 16. Jahrhunderts, identifizierte. Diese Frau übermittelte Dolores Cannon kryptische Botschaften und Prophezeiungen über die Zukunft der Menschheit. Diese Botschaften bildeten das Material für ihr erstes Buch: "Gespräche mit Nostradamus". In diesen Sitzungen übermittelte Nostradamus Dolores Cannon kryptische Botschaften und Prophezeiungen über die Zukunft der Menschheit, die in seinen berühmten Vierzeilern enthalten waren. Dolores Cannon transkribierte und interpretierte diese Botschaften, um die verborgene Bedeutung der von Nostradamus verwendeten Wörter und Symbole zu entschlüsseln. Sie entdeckte, dass viele Prophezeiungen auf bereits vergangene oder laufende historische Ereignisse verwiesen, wie Weltkriege, die Französische Revolution, Aufstieg und Fall Hitlers, die Ermordung Kennedys, der Vietnamkrieg, die Energiekrise, Terrorismus, Naturkatastrophen und Krankheiten. Sie entdeckte auch, dass einige Prophezeiungen auf zukünftige Ereignisse hinwiesen, wie den Dritten Weltkrieg, den Antichristen, den Klimawandel, außerirdische Invasion, spirituelles Erwachen und die neue Erde. Sie entdeckte auch, dass Nostradamus seine eigene Reinkarnation und den Kontakt mit ihr durch Hypnose vorhergesagt hatte. Seitdem hypnotisierte Dolores Cannon weiterhin Tausende von Kunden und entdeckte, dass viele von ihnen Erinnerungen an vergangene Leben zu verschiedenen Zeiten und Orten hatten, wie das alte Ägypten, Atlantis, Lemuria oder außerirdische Zivilisationen. Sie entdeckte auch, dass einige ihrer Kunden Kontakt zu spirituellen oder außerirdischen Wesen hatten, die ihnen Informationen über den Zweck ihres Lebens, die universellen Gesetze, die verborgene Geschichte des Planeten und die Zukunft der Menschheit übermittelten. Dolores Cannon entwickelte auch ihre eigene Technik der regressiven Hypnose, genannt Quantum Healing Hypnosis Technique (QHHT), bei der der Kunde in einen tiefen Trancezustand versetzt wird, in dem er auf sein Unterbewusstsein oder Überbewusstsein zugreifen kann, den weisesten und mächtigsten Teil seines Geistes. In diesem Zustand kann der Kunde sich an seine vergangenen Leben erinnern und Antworten auf seine existenziellen Fragen erhalten. Darüber hinaus kann das Unterbewusstsein physische oder emotionale Heilungen beim Kunden durchführen, wenn nötig. Sie lehrte ihre Technik Tausenden von Schülern auf der ganzen Welt und schuf ein Netzwerk zertifizierter QHHT-Praktizierender. Sie hielt auch Seminare und Konferenzen in verschiedenen Ländern ab und verbreitete ihre Botschaft der Liebe und Hoffnung für die Menschheit. Dolores Cannon starb 2014 im Alter von 83 Jahren. Sie hinterließ ein Erbe des Wissens und der Liebe, das durch ihre Bücher, Videos und Schüler weiterlebt. Sie war eine sehr wichtige Figur auf dem Gebiet der regressiven Hypnose und der spirituellen Forschung. Sie leistete bedeutende Fortschritte in der spirituellen Evolution der Menschen und bot eine alternative und erweiterte Sichtweise auf die Realität. In einem ihrer bekanntesten Bücher mit dem Titel "The Three Waves of Volunteers and the New Earth" (Die drei Wellen der Freiwilligen und die Neue Erde) teilt Dolores Cannon ihre Erkenntnisse über die Seelen, die auf die Erde gekommen sind, um dem Planeten und der Menschheit zu helfen, sich in eine höhere Dimension zu entwickeln. Diese Seelen nannte sie "Freiwillige", weil sie sich dafür entschieden haben, in menschliche Körper zu inkarnieren, um Licht und Liebe in eine Welt der Dunkelheit und des Leidens zu bringen. Dolores Cannon teilt die Freiwilligen in drei Wellen ein, basierend auf der Zeit ihrer Geburt und den ihnen eigenen Merkmalen. Die erste Welle besteht aus denen, die zwischen den 1940er und 1960er Jahren geboren wurden und große Schwierigkeiten hatten, sich an das Leben auf der Erde anzupassen. Sie fühlten sich oft einsam, anders und unverstanden und hatten traumatische oder depressive Erfahrungen. Ihr Ziel war es, durch ihre Anwesenheit und ihr Beispiel die Schwingung des Planeten zu erhöhen. Die zweite Welle besteht aus denen, die zwischen den 1970er und 1990er Jahren geboren wurden und weniger Probleme hatten, sich an das Leben auf der Erde anzupassen. Sie fühlten sich oft ruhig, friedlich und distanziert und hatten einen natürlichen Hang dazu, anderen zu dienen. Ihr Ziel war es, mit ihrer Energie und Arbeit Harmonie und Gleichgewicht in die Welt zu bringen. Die dritte Welle besteht aus denen, die nach dem Jahr 2000 geboren wurden und sich leicht an das Leben auf der Erde anpassten. Sie fühlten sich oft weise, kreativ und bewusst und hatten außergewöhnliche oder paranormale Fähigkeiten. Ihr Ziel war es, den Übergang zur Neuen Erde mit ihrem Wissen und ihrer Macht vorzubereiten. In diesem Buch präsentiert Dolores Cannon die Berichte vieler ihrer Kunden, die sich als

Freiwillige einer der drei Wellen erwiesen haben. Ihre Geschichten sind unglaublich und faszinierend, denn sie zeigen, wie diese Seelen sich entschieden haben, auf die Erde zu kommen, um eine besondere Mission zu erfüllen, oft indem sie ihr persönliches Wohlergehen für das kollektive Wohl opferten. Ihre Geschichten sind auch eine Quelle der Inspiration und Hoffnung, denn sie zeigen, wie die Menschheit einen entscheidenden Moment in ihrer Geschichte erlebt, in dem sie die Möglichkeit hat, ihr Schicksal zu ändern und eine neue, hellere und liebevollere Realität zu erschaffen. Das Buch "The Convoluted Universe" ist das Ergebnis einer Reihe von regressiven Hypnosesitzungen, die Dolores Cannon mit einigen ihrer fortgeschrittensten Kunden durchgeführt hat, die unter Hypnose auf ihr Unterbewusstsein oder Überbewusstsein zugegriffen haben, den weisesten und mächtigsten Teil ihres Geistes. In diesen Sitzungen übermittelte das Unterbewusstsein Dolores Cannon unglaubliche und erstaunliche Informationen über verborgene und mysteriöse Realitäten, die jenseits unserer gewöhnlichen Wahrnehmung existieren. Dolores Cannon hat diese Informationen in fünf Bänden zusammengestellt und veröffentlicht, die Themen wie die Natur des Universums, parallele Dimensionen, Zeitreisen, alte Zivilisationen, die Ursprünge der Menschheit, Karma, Reinkarnation, Seelenverwandte, astrale Ebenen, luzide Träume, außerkörperliche Erfahrungen, Engel, spirituelle Führer, Außerirdische, Kornkreise, energetische Portale,

Chakren, Aura und vieles mehr erforschen. Das Buch "The Convoluted Universe" ist faszinierend und anregend und bietet eine erweiterte und tiefere Sichtweise auf die Realität. Es ist in fünf Bände unterteilt, von denen jeder eine Auswahl von von Dolores Cannon kommentierten Fällen enthält. Es ist auch mit Illustrationen und Anhängen angereichert, die die von Dolores Cannon verwendeten Methoden zur Kommunikation mit dem Unterbewusstsein erklären. Dolores Cannon hatte eine sehr offene und positive Sicht auf Außerirdische und spirituelle Wesenheiten. Sie glaubte, dass es viele intelligente und wohlwollende Lebensformen im Universum gibt, die eine wichtige Rolle bei der Schaffung und Evolution der Realität spielen. Sie glaubte auch, dass diese Lebensformen mit der Menschheit in Kontakt stehen, um ihr beim Erwachen und spirituellen Wachstum zu helfen.

Dolores Cannon hat Außerirdische und spirituelle Wesen in verschiedene Kategorien eingeteilt, je nach ihrer Herkunft, Natur und Absicht. Hier sind einige der Kategorien, die sie verwendet hat:

- 1. **Die Beschützer**: Dies sind Außerirdische, die das Leben auf der Erde erschaffen haben und seine Entwicklung überwachen. Sie sind für das ökologische Gleichgewicht und die Biodiversität des Planeten verantwortlich. Sie haben auch das menschliche DNA geschaffen und mehrmals modifiziert, um die Evolution der Menschheit zu fördern. Die Beschützer stammen aus verschiedenen Rassen, einschließlich der Grauen, Reptilien, Nordischen, Plejader und anderer.

- 2. **Die Hüter**: Dies sind spirituelle Wesen, die die Menschheit schützen und führen. Sie sind Lichtwesen, die ein hohes Maß an Bewusstsein und Liebe erreicht haben. Sie sind auch Lehrer und Mentoren der menschlichen Seelen und helfen ihnen auf ihrem Weg des persönlichen und kollektiven Wachstums. Die Hüter stammen aus verschiedenen Arten, einschließlich Engel, Erzengel, Aufgestiegene Meister, Totemtiere und andere.

- 3. **Die Freiwilligen**: Dies sind Seelen, die auf die Erde gekommen sind, um dem Planeten und der Menschheit zu helfen, sich in eine höhere Dimension zu entwickeln. Es sind Seelen, die sich entschieden haben, in menschliche Körper zu inkarnieren, um Licht und Liebe in eine Welt der Dunkelheit und des Leidens zu bringen. Die Freiwilligen sind in drei Wellen unterteilt, je nach der Zeit ihrer Geburt und den sie kennzeichnenden Merkmalen.

- 4. Dolores Cannon hat viele ihrer Bücher darauf verwendet, die Geschichten der Außerirdischen und spirituellen Wesen zu erzählen, die sie in ihren regressiven Hypnosesitzungen getroffen hat. Sie hat auch versucht, ihre Botschaften der Weisheit und Heilung an die Menschheit weiterzugeben. Sie unterstützte die Idee, dass Außerirdische und spirituelle Wesen unsere Freunde und Verbündeten sind, die uns lieben und unterstützen.

KURZE MITSCHRIFT EINER ÜBERTRAGUNG VON DOLORES CANNON ÜBER DIE MANIFESTATION IHRER EIGENEN WÜNSCHE IN DER REALITÄT

Guten Abend allerseits, hier ist Dolores Cannon mit der Metaphysical Hour. Wir nähern uns Weihnachten, und das ist woran alle denken, aber bevor wir es wissen, wird es schon hier sein. Im Moment wurde ein schrecklicher Schneesturm in der Ostregion, um Washington herum, angekündigt. Hier in unserem Arkansas haben wir immer noch keinen Schnee, aber er könnte in Zukunft kommen. Heute Abend werden wir über einige Dinge sprechen, die ich in der Vergangenheit angesprochen habe, aber nicht abschließen konnte. Wenn jemand anrufen möchte, ist er herzlich willkommen. Die kostenlose Nummer lautet 1-888-815-9756. Julia ist wieder bei mir. Wir haben über die "Drei Wellen der Freiwilligen" gesprochen, und es gibt Neuigkeiten auf der Website. Ich weiß nicht, ob Julia mehr darüber weiß.

Julia: Noch nicht, sie arbeiten immer noch daran, aber ich glaube, es wird etwas wie "Tres Olas" genannt werden. Zuerst waren sie auf Facebook, aber wir möchten es sichtbarer machen, weil viele Leute uns geschrieben haben und gefragt haben, wie sie sich mit anderen ähnlichen Personen verbinden können, die sich hier nicht wohl fühlen und jemanden zum Teilen ihrer

Erfahrungen suchen.

Dolores: Genau, viele Menschen fühlen sich allein und suchen jemanden zum Teilen. Manchmal haben sie Angst, über ihre paranormalen Erfahrungen, psychischen Visionen oder UFO-Begegnungen zu sprechen, weil sie befürchten, seltsam zu wirken. In Wirklichkeit gibt es jedoch viel mehr Menschen mit ähnlichen Erfahrungen, als sie denken.

Julia: Ja, viele Menschen verbergen ihre Erfahrungen, weil sie Angst vor Verurteilung haben.

Dolores: Ja, viele Menschen erzählen mir während der Sitzungen von seltsamen Erfahrungen, aber sie haben Angst, sie mit anderen zu teilen, weil sie glauben, dass sie verurteilt werden. Es ist jedoch wichtig, über diese Dinge zu sprechen und sich mit anderen verbunden zu fühlen.

Julia: Genau, wir erleben eine Zeit des Wandels, und immer mehr Menschen entdecken psychische Fähigkeiten und andere seltsame Erfahrungen.

Dolores: Ja, wir verbinden uns wieder mit dem, was wir früher hatten, und erwerben neue Fähigkeiten. Es ist ein natürlicher Prozess.

Julia: Es ist wie Fahrradfahren: Je mehr du übst, desto natürlicher wird es.

Dolores: Ja, am Anfang können Zweifel auftreten, aber dann wird es natürlich und normal. Was die Spirale über

Norwegen betrifft, anfangs hieß es, es sei eine russische Rakete, aber einige glauben, es sei ein Portal zu einer anderen Dimension. Wir könnten immer näher daran sein, andere Dimensionen wahrzunehmen.

Julia: Genau, wir lüften den Schleier zwischen den Dimensionen.

Dolores: Ja, wir fangen an zu sehen, was früher unsichtbar war. Portale sind Übergänge zwischen den Dimensionen, und vielleicht haben wir einen Einblick bekommen, was wir in Zukunft sehen könnten.

Julia: Wir könnten durch verschiedene Dimensionen sehen und viel mehr über unsere Umgebung entdecken.

Dolores: Genau, lass deiner Fantasie freien Lauf. Es gibt so viele Möglichkeiten da draußen.

In einer Radiosendung moderiert Dolores Cannon ihre Show "The Metaphysical Hour". Während die Luft von Weihnachtsstimmung erfüllt ist, beginnt Dolores über ein mysteriöses Ereignis zu sprechen, das die Aufmerksamkeit der Öffentlichkeit auf sich gezogen hat: eine Erscheinung am Himmel über Norwegen. Es handelt sich um eine seltsame Lichtspirale, ähnlich einer sich drehenden Galaxie, mit einem Strahl von Licht, der aus ihrem Zentrum strahlt. Dieses Phänomen hat viele Zuschauer fasziniert und verschiedene Theorien hervorgerufen. Das Bild kann im Internet gefunden werden und ist berühmt geworden. Unter den verschiedenen vorgeschlagenen Hypothesen erwähnt Dolores die offizielle Erklärung, dass es sich um eine von Russland abgefeuerte Rakete handeln könnte, aber dann schlägt sie eine andere Perspektive vor. Nach einigen Quellen könnte es ein interdimensionales Portal gewesen sein, ein Fenster zu einer anderen Realität. Diese Idee führt zu einer Diskussion über Portale und Fenster, wobei erklärt wird, dass Portale das Reisen durch Zeit und Dimensionen ermöglichen, während Fenster das Betrachten anderer Dimensionen ohne Möglichkeit des Durchtritts ermöglichen.

Das Gespräch konzentriert sich dann auf die Ausdehnung des menschlichen Bewusstseins und die Bedeutung, die Angst loszulassen. Dolores betont, dass Angst eine lähmende Emotion ist und es in dieser Evolutionsphase entscheidend ist, zu lernen, sie loszulassen. Sie ermutigt die Zuhörer, Fragen zu stellen, neugierig zu sein und nach Antworten zu suchen, anstatt passiv zu akzeptieren, was ihnen gesagt wird. Das Bewusstsein ist ständig im Wandel, und jeder hat die Macht, seine eigene Wahrheit zu bestimmen.

Die Schlüsselbotschaft lautet, dass das Leben eine Reise des Wachstums und der Evolution ist und dass vergangene Erfahrungen, auch wenn sie schmerzhaft sind, uns wertvolle Lektionen lehren können. Es ist wesentlich, Veränderungen bewusst anzunehmen, loszulassen, was nicht mehr dient, und kontinuierlich ein tieferes Verständnis unserer Welt und uns selbst zu suchen.

In einem lebhaften Gespräch sprechen der Gast und Dolores Cannon über einen wichtigen Perspektivenwechsel im menschlichen Leben. Der Gast betont, dass es entscheidend ist, sich von der Vergangenheit und negativen Emotionen zu befreien, um voranzukommen. Dieser Schritt ist Teil eines größeren Prozesses, der darin besteht, "leichter zu werden", d.h. sich von allen emotionalen Lasten zu befreien, die wir tragen.

Der Gast hebt die Bedeutung hervor, die Angst loszulassen und sich bewusster über unsere Reaktionen und die Emotionen, die sie auslösen, zu sein.

Dolores interveniert und betont, dass die gegenwärtige Zeit einen fundamentalen Wendepunkt im menschlichen Wachstum darstellt. Diese Veränderung beinhaltet eine spirituelle Evolution, die erfordert, das Karma hinter sich zu lassen, d.h. das Gewicht vergangener Handlungen. Es ist jedoch jetzt möglich, sich schneller als zuvor vom Karma zu befreien, dank eines erhöhten Bewusstseins und der Fähigkeit, aus Erfahrungen zu lernen.

Der Gast und Dolores teilen die Vorstellung, dass viele der Menschen und Umstände, die wir im Leben treffen, da sind, um uns etwas zu lehren. Diese Individuen wirken wie Spiegel unserer Emotionen und Reaktionen und bieten uns wichtige Lektionen an. Es ist wichtig, nicht mehr automatisch zu reagieren, sondern zu versuchen zu verstehen, was uns diese Situationen und Personen lehren.

Das Gespräch konzentriert sich auch auf die Idee, dass auf einer höheren Ebene jeder von uns zugestimmt hat, an diesen Erfahrungen teilzunehmen und dazu beigetragen hat, die Umstände unseres Lebens zu orchestrieren. Darüber hinaus betont der Gast, dass, sobald wir die Lektion einer Situation oder einer Person gelernt haben, diese Situation oder Person unser Leben verlassen oder eine andere Rolle übernehmen kann. Im Allgemeinen ist die Schlüsselbotschaft des Dialogs, dass wir in der Lage sind, unsere Realität zu erschaffen, aber es ist notwendig, die Vergangenheit loszulassen, die Angst zu überwinden und uns unserer Reaktionen und Emotionen bewusst zu werden.

Nur dann werden wir in der Lage sein, unsere Zukunft positiv und bewusst zu gestalten. In einem leidenschaftlichen Gespräch diskutieren der Gast und Dolores Cannon über die außergewöhnliche Kraft der Schöpfung und Manifestation im menschlichen Leben. Der Gast drückt den Glauben aus, dass wenn die Menschen nur wüssten, wie mächtig sie sind, sie alles erreichen könnten, was sie wollen. Er betont jedoch, dass viele Menschen anscheinend Angst vor ihrer eigenen Macht haben und sich in der Manifestation ihrer Wünsche aus Angst vor dem Unbekannten einschränken.

Dolores ist einverstanden und schlägt vor, dass einige

Menschen befürchten könnten, die Kontrolle zu verlieren, wenn sie bekommen, was sie wollen, was dazu führen kann, dass sie ihre eigenen Ziele sabotieren. Der Gast erkennt ebenfalls an, ein "Kontrollfreak" zu sein und vermutet, dass dies dazu beigetragen haben könnte, seine Bemühungen bei der Manifestation seiner Wünsche zu sabotieren.

Beide betonen, wie wichtig es ist, eine klare Vorstellung davon zu haben, was man sich wünscht, und es sich reichhaltig vorzustellen. Die Visualisierung umfasst nicht nur das Sehen, sondern auch das Hören, Riechen und Fühlen, was das Bild lebendiger und immersiver macht. Außerdem ist es entscheidend, eine emotionale Verbindung mit dem Bild herzustellen, um den Manifestationsprozess zu beschleunigen.

Dolores und der Gast sind sich einig, dass es, sobald man Klarheit darüber hat, was man sich wünscht, wichtig ist, die Kontrolle darüber loszulassen, wie es sich manifestiert. Das Aufzwingen von Regeln und Grenzen kann den Prozess verlangsamen oder sogar sabotieren. Es ist wichtig, darauf zu vertrauen, dass der Wunsch in Erfüllung gehen wird, und den Intuitionen und Inspirationen zu folgen, die auf dem Weg auftauchen.

Schließlich wird betont, dass Geld und materielle Güter zu den leichtesten Dingen gehören, die man manifestieren kann, da es ein universelles Gesetz des Überflusses gibt, das dafür sorgt, dass es immer genug für alle gibt. Die Schlüssel ist jedoch, eine klare Vision davon zu haben, was man sich wünscht, und dem Manifestationsprozess ohne übermäßige Kontrolle zu vertrauen.

Zusammenfassend ist die Hauptbotschaft des Gesprächs, dass jeder Einzelne eine außergewöhnliche Kraft besitzt, um seine eigene Realität zu erschaffen, aber es ist notwendig, die Angst zu überwinden, eine klare Vorstellung von seinem eigenen Wunsch zu haben und dem universellen Manifestationsprozess zu vertrauen.

Im Verlauf des Gesprächs diskutieren der Gast und Dolores Cannon über die Kraft der Schöpfung und Manifestation im menschlichen Leben. Der Gast teilt eine persönliche Geschichte, in der er Hindernisse bei der Manifestation seiner Wünsche aufgrund eigener Ängste und Sorgen erlebt hat. Dolores betont die Bedeutung, nach innen zu schauen, um die internen Blockaden zu identifizieren, die die gewünschte Schöpfung behindern können.

Beide Gäste stimmen darin überein, dass es wichtig ist, eine klare Vorstellung davon zu haben, was man sich wünscht, und es sich detailliert vorzustellen. Die Visualisierung umfasst alle Sinne und bezieht auch das emotionale Element ein, was das Bild kraftvoller macht. Es wird betont, wie wichtig es ist, loszulassen, wie die Schöpfung sich manifestiert, und dem Universum Raum zu geben, um unerwartete Wege zur Erfüllung der Wünsche zu finden. Außerdem wird das Gesetz des universellen Überflusses diskutiert, das sicherstellt, dass es immer genug für alle gibt.

Jedoch ist es grundlegend, Vertrauen in den Manifestationsprozess zu haben und zu glauben, dass alles Notwendige zur rechten Zeit eintreffen wird. Die Idee, sich nicht am Geld festzuklammern, sondern den Energiefluss zuzulassen, um den Überfluss zu erleichtern, wird betont.

Beispiele erfolgreicher Manifestationen werden geteilt, ebenso wie Beispiele, in denen Klarheit in den Anfragen entscheidend war. Schließlich wird die Bedeutung betont, anderen im Manifestationsprozess keinen Schaden zuzufügen oder sie zu beschränken.

Zusammenfassend lässt sich sagen, dass jeder einzelne die Kraft hat, seine eigene Realität zu erschaffen, aber es ist unerlässlich, Ängste zu überwinden, die eigenen Wünsche klar zu visualisieren und dem universellen Manifestationsprozess zu vertrauen, ohne anderen zu schaden oder sie zu beschränken.

Im letzten Teil des Gesprächs diskutieren der Gast und Dolores Cannon weiter über die Manifestation von Wünschen und die Prinzipien, die zu einer ethischen und effektiven Nutzung der geistigen Kraft zu befolgen sind. Sie betonen, dass es wichtig ist, anderen keinen Schaden zuzufügen oder ihnen Möglichkeiten zu nehmen, indem man seine eigene Realität durch Visualisierung und Nutzung der geistigen Kraft schafft.

Darüber hinaus wird die Bedeutung positiver Absichten

und des Sendens von Gedanken und Wünschen für das "größere Wohl" für alle hervorgehoben, da positive Absichten den Fortschritt vorantreiben und das Ergebnis der Manifestation beeinflussen.

Der Gast und Dolores bestehen darauf, dass Vertrauen in das Universum und den Manifestationsprozess von grundlegender Bedeutung ist, ohne ständige Besorgnis oder Zweifel darüber, "wie" die Wünsche erfüllt werden. Das Vertrauen in das Universum und das Loslassen von Erwartungen ermöglichen es, die Ergebnisse überraschend und lohnend zu erhalten.

Das Gespräch endet mit einer Einladung, die Website von Dolores Cannons Firma, Ozark Mountain Publishing, zu besuchen, wo Informationen zu ihren Veranstaltungen, Kursen und Sitzungen sowie zusätzliche Ressourcen zur Erkundung ihrer Arbeit zu finden sind. Schließlich wünscht Dolores allen eine gute Nacht und frohe Weihnachten.

ZUSAMMENFASSUNG EINER KONFERENZ VON DOLORES CANNON ÜBER DIE KRAFT UNSERES GEISTES, UM GESUNDHEIT ZU MANIFESTIEREN

Heute Abend möchte ich über einige der Fälle sprechen, die ich behandelt habe. In meiner ersten Übertragung habe ich erklärt, wie ich meine Arbeit durchführe. Ich bin seit 30 Jahren Hypnotherapeutin und auf Rückführungstherapie spezialisiert, obwohl ich vor über 40 Jahren damit begonnen habe. Ich habe all dies erklärt sowie die Unterschiede in meiner Rückführungstechnik, der Regression in vergangene Leben. Ich habe einen Weg gefunden, direkt Kontakt zum Unterbewusstsein herzustellen und damit zu arbeiten. Und wenn ich das tue, erzielen wir in diesen Fällen außergewöhnliche Ergebnisse, und das ist wirklich das Geheimnis: den direkten Kontakt zum Unterbewusstsein herstellen und direkt damit arbeiten. Ich weiß, dass bei normaler Hypnose den Personen beigebracht wird, dass sie mit dem Unterbewusstsein kommunizieren, man fragt sie, wie tief die Trance ist, der Hypnotiseur stellt Fragen, das ist der Testprozess, den ich nicht besonders mag, aber wenn die Person in Trance ist, wird der Hypnotherapeut ihnen Fragen stellen wie "Heben Sie einen Finger, um Ja zu sagen, und einen anderen Finger, um Nein zu sagen", dann stellt er Fragen und beobachtet die Antworten und Handbewegungen. Das ist eine der Methoden, die den Hypnotiseuren beigebracht werden, um mit dem

Unterbewusstsein zu sprechen, und das ist langweilig und zeitaufwendig, und man kann nicht viel herausfinden, weil die einzigen Antworten, die man bekommt, diejenigen sind, die auf Ja- oder Nein-Fragen gegeben werden können. Warum nicht eine Methode verwenden, bei der man direkt mit dem Unterbewusstsein sprechen und vollständige Antworten erhalten kann? Für mich ist das der Höhepunkt der von mir entwickelten Technik, nämlich die Möglichkeit, direkt mit ihm zu sprechen und vollständige Antworten auf alle Probleme zu erhalten, und das Unterbewusstsein ist in der Lage, sie zu lösen, glauben Sie mir. Für mich ist das viel wertvoller als einfach nur Signale zu verwenden, die Ja oder Nein anzeigen.

Ich hatte einen Psychiater, der an meinem Kurs in London teilgenommen hat, und er hat mich gefragt, ob ich mit dem Unterbewusstsein auf die psychiatrische Definition des Unterbewusstseins Bezug nehme, und ich habe geantwortet, dass das nicht der Fall ist, es ist viel, viel größer als das. Die psychiatrische Definition des Unterbewusstseins ist eher kindlich, und diesen Teil habe ich schon oft gefunden; wenn Sie den kindlichen Teil der Person treffen, kann das helfen, aber nicht so weit, wie ich es verstehe. Ich denke, der kindliche Teil ist der Teil, mit dem Hypnotiseure arbeiten, das ist der kindliche Unterbewusstseinsteil, wenn sie versuchen, Menschen zu helfen, schlechte Gewohnheiten zu überwinden, mit dem Rauchen aufzuhören, Gewicht zu verlieren, und die meiste Zeit hat der Hypnotiseur ein Skript, das er vorlesen wird, er wird der Person hauptsächlich, wenn sie in Trance sind, Dinge sagen wie "Du wirst nicht mehr rauchen wollen, oder du wirst nicht mehr essen wollen", sie diktieren im Wesentlichen der Person, was sie tun oder nicht tun soll, in der Hoffnung, dass es vom Geist der Person akzeptiert wird. Hier ist, was ich herausgefunden habe: Das könnte in einigen Fällen funktionieren, aber ich habe herausgefunden, dass es viel schwieriger ist, weil dieser Teil des Geistes wie ein kleines Kind ist, man kann zu einem kleinen Kind gehen und ihm sagen "Du solltest das nicht tun! Sonst werde ich dich bestrafen!", wissen Sie, was passieren wird? Das Kind wird sich versteifen und sagen "Oh ja? Zeig es mir!", also ist es viel schwieriger, mit diesem Teil des Geistes zu arbeiten.

Es ist wie bei einem kleinen Kind, Sie können zu einem kleinen Kind gehen und ihm sagen: "Du solltest das nicht tun! Sonst werde ich dich bestrafen!", wissen Sie, was passieren wird? Das Kind wird sich versteifen und sagen: "Oh ja? Zeig es mir!", also ist es viel schwieriger, mit diesem Teil des Geistes zu arbeiten. Ich habe auch eine Möglichkeit entdeckt, schlechte Gewohnheiten zu beenden, ich mache es mit einer Technik, die ich verwende, und sie ist viel effektiver, weil ich dem Unterbewusstsein erlaube, an der Entscheidung darüber, wie die Person diese Gewohnheit aufgeben kann, teilzunehmen, aber ich mag es sowieso nicht, mich mit

Gewohnheiten zu befassen, für mich ist es ein bisschen langweilig, ich ziehe es vor, mit meinen Patienten auf Zeitreise zu gehen, durch die Zeitkanäle, wie ich sie nenne, zurück in die Vergangenheit zu gehen und die Geschichte wiederzuerleben. Für mich ist das der aufregendste Teil meiner Arbeit, ich ziehe es vor, das zu tun, als an Gewohnheiten zu arbeiten, aber wenn jemand zu mir kommt und Gewicht verlieren oder mit dem Rauchen aufhören will, werde ich es in die Sitzung integrieren, aber das wird nie mein Hauptziel sein, weil es so viele andere Dinge gibt, die wir entdecken können und die der Person in ihrem Leben helfen können. Die Leute fragen mich, wie ich das Unterbewusstsein definiere: Für mich ist es viel größer als das, was wir uns vorstellen können, Sie könnten es das Oversoul, das höhere Selbst, das übergeordnete Bewusstsein nennen; es ist diese Art von "Entität", die so groß und mächtig ist, dass sie Antworten auf alles hat. Wenn wir diesen Teil des Geistes erreichen, gibt es nichts, was wir nicht entdecken können, "er" weiß absolut alles über die Person, und das ist der Teil, mit dem ich arbeite, ich nenne ihn das Unterbewusstsein, und er erfüllt diese Definition, also ist das der Begriff, den ich verwende. Ich weiß, dass ich, wenn ich direkt mit ihm spreche, mit einem viel größeren Teil der Person spreche, und wenn ich diesen Teil erreiche, ist es unglaublich, was er tun kann, und ich weiß genau, wann ich diesen Teil in meiner Technik erreicht habe, wie man dorthin gelangt, denn er wird immer in der dritten Person auf die Person antworten, es wird nicht ein "ich" oder "mir" sein, das auf die Frage antwortet, sondern "er" oder "sie".

Oft wird "er" sagen: "Ich habe endlich eine Chance zu sprechen, ich habe versucht, es seit langem zu tun und (er oder sie) hört mir nicht zu." Das ist der Teil, von dem er spricht, und "er" wird Dinge sagen, die Sie nie über sich selbst sagen würden, manchmal kann das sehr grausam sein, weil es objektiv ist, es ist wie der objektive Beobachter, der dahinter steht und alles beobachtet, was passiert, er hat Ihr Interesse am Herzen, er liebt Sie und möchte Ihnen helfen, und er wird wütend, wenn er das nicht kann, aber oft kann er grausam sein, weil er sagen wird: "Sie wissen, sie verstehen es nicht, sie schaden ihrem Körper, sie tun Dinge, die sie nicht tun sollten", und er wird ihnen genau sagen, was passieren wird, wenn sie auf dem Weg weitermachen, auf dem sie sich befinden, was mit ihrem Körper passieren wird. Und dieser Teil des Geistes ist extrem mächtig, er steuert alle Funktionen des Körpers. Sie müssen sich nicht sagen, dass Sie atmen oder dass Ihr Herz schlägt, er kümmert sich um alles, was im Körper passiert, und deshalb, wenn Menschen mit körperlichen Problemen zu mir kommen, und ich habe Tausende und Abertausende von ihnen gehabt, können wir herausfinden, warum sie dieses körperliche Problem haben, indem wir direkt das Unterbewusstsein kontaktieren, und dann können wir es verschwinden lassen, das ist einfach. Außerdem ist das Unterbewusstsein wie ein riesiger Computer, es hat die

Daten von allem, was der Person in diesem Leben und in allen Leben, die sie gelebt hat, passiert ist, es kann jedes Detail aufzeichnen. Ich frage mich oft, was es mit all diesen winzigen Details macht, denn in unserem täglichen Leben werden wir von Tausenden und Abertausenden von Informationen bombardiert, die von überall um uns herum kommen, und das sind Dinge, die wir sehen, hören, riechen, berühren, das sind Tausende und Abertausende von Informationsfragmenten, die uns ständig bombardieren, und all das geht ins Unterbewusstsein und wird gespeichert und akkumuliert. Zusammenfassend gesagt, wir werden ständig von all diesen Informationen bombardiert, die das Unterbewusstsein sammelt, aber wir können uns nicht dessen bewusst sein, es würde uns überwältigen, es wäre zu viel, unser Verstand könnte es nicht bewältigen, deshalb konzentrieren wir uns, während wir unser Leben leben. In unserem täglichen Leben konzentrieren wir uns auf das, was um uns herum wichtig ist, auf die Hauptdinge, auf die wir achten müssen, und darauf konzentrieren wir unsere Aufmerksamkeit; diese kleinen Informationsstücke werden nicht bemerkt, sie werden vom Unterbewusstsein aufgezeichnet, aber die durchschnittliche Person nimmt sie nicht wahr. Und auch die psychischen Fähigkeiten kommen daher, weil wir davon bombardiert werden, aber die meisten Menschen verstehen das nicht.

Was ich hier gebe, ist ein Beispiel dafür, wie das Unterbewusstsein detaillierte Informationen sammelt. Eine sehr wichtige Sache, die ich entdeckt habe, ist, dass die Menschen sich der Macht ihres eigenen Geistes nicht bewusst sind. Sie haben die Kraft, sich selbst zu heilen, weil sie die Kontrolle über ihren Körper haben, und bei einem der nächsten Vorträge werde ich einen Arzt mitbringen, der seit 40 Jahren Arzt ist und jetzt ein Buch geschrieben hat, das unser Verlag veröffentlicht hat, über die Kraft des Geistes und wie wir uns selbst heilen können. Wir werden uns auf diesen Teil konzentrieren.

Eine andere Sache, die die Menschen nicht erkennen, ist, dass sie sich selbst krank machen, sie kreieren Krankheiten aus verschiedenen Gründen, aber das bedeutet nicht, dass sie es bewusst tun, die Menschen würden nie sagen "Ich will krank sein", ich meine nicht, dass sie es bewusst tun, aber sie erschaffen eine Krankheit oder ein physisches Problem aus einem bestimmten Grund, nur sind sie sich dessen auf bewusster Ebene nicht bewusst. In meiner Arbeit mit ihnen müssen wir herausfinden, was in ihrem Leben passiert, das sie dazu bringt, diese Krankheit haben zu wollen, denn das kann oft auf Probleme zurückzuführen sein, die sie in ihrem aktuellen täglichen Leben haben, von denen sie sich nicht bewusst sind. Wir gehen zum Arzt, nehmen Medikamente, behandeln die Symptome, aber wir kommen nicht zur Ursache dessen, was wirklich passiert, was diese Probleme in unserem Leben wirklich verursacht. Einige der Dinge, die ich sagen werde, mögen sehr drastisch und unglaublich erscheinen, aber ich habe all das in Tausenden und Abertausenden von Fällen entdeckt. Ich bin zu dem Schluss gekommen, dass jedes körperliche Symptom, jedes körperliche Symptom im Körper, eine Nachricht ist, die das Unterbewusstsein Ihnen zu geben versucht, "es" versucht Ihre Aufmerksamkeit zu erregen, es versucht Ihnen etwas zu sagen. Und wenn Sie nicht aufpassen, wenn Sie nicht verstehen, und die meisten von uns verstehen nicht, was es uns zu sagen versucht, dann wird die Krankheit oder das Problem schlimmer, denn es versucht weiterhin, unsere Aufmerksamkeit zu erregen. Letztendlich, wenn wir immer noch nicht verstehen, was es uns zu sagen versucht, dann wird das Problem zu einer Krankheit oder etwas, das viel schwieriger zu beheben ist.

Jetzt, wenn das Unterbewusstsein hier spricht, in diesen Sitzungen, spricht es auch direkt mit mir, und daher werde ich bei öffentlichen Auftritten "sie" sagen, wenn ich mich auf sie beziehe, genau deshalb, weil sie, wenn sie von der Person sprechen, die dritte Person verwenden, und sie werden oft den Plural verwenden: "wir machen dies und sagen das". Also habe ich gelernt "sie" zu sagen, damit wir uns mit ihnen identifizieren können. Mir wurde gesagt, dass, wenn wir die Person erreichen können, bevor sie operiert werden muss, es eine Möglichkeit gibt, dass wir das Problem lösen können und die Person daher nicht operiert werden muss. Das ist radikal und ich weiß, dass viele Menschen es nicht glauben werden, aber es wurde gesagt, dass, sobald etwas entfernt wurde, wir es nicht zurückgeben können. Aber wir können die Ursache des Problems finden, bevor es operiert werden muss, und in vielen Fällen können wir das Problem lindern.

Als ich in England über diese Dinge sprach, wurde mir gesagt, das Wort "Heilung" nicht zu verwenden, dieses Wort ist nicht erlaubt, wir können nicht sagen, dass diese Technik Krankheiten heilt, aber genau das tut sie. Ich vermute, ich muss das mit der Ärztevereinigung klären, wenn ich das sage, also werde ich die Leute alleine mit ihrem Geist arbeiten lassen müssen, besonders wenn sie anfangen zu verstehen, wie mächtig ihr eigener Geist ist und wie sie in der Lage sein könnten zu verstehen, wie sie die Dinge kontrollieren können, die in ihrem Leben passieren, die Kontrolle übernehmen und die Macht zurückgewinnen, damit sie ein gutes Leben führen können, ohne sich um Krankheiten sorgen zu müssen. Das ist es, was ich den Menschen vermitteln möchte, dass sie ihren Körper und ihre physischen Probleme anders betrachten müssen. Ich hatte viele Fälle, in denen Menschen zu mir kommen und mir sagen, dass sie Probleme an verschiedenen Stellen ihres Körpers haben, in der Regel kann ich ihnen sagen, was in ihrem täglichen Leben passiert, denn das Unterbewusstsein ist sehr wörtlich, es wird verschiedene Teile des Körpers auf die gleiche Weise immer wieder beeinflussen. Es ist sehr wörtlich in dem, was es dir zu sagen versucht, aber wir Menschen wissen das nicht, wir achten nicht darauf, wir verstehen es nicht. Um Ihnen einige Beispiele zu geben, viele Menschen haben, wenn sie zu mir kommen, Probleme mit dem Rücken, wie Schmerzen zwischen den Schultern oder entlang der Wirbelsäule. Rückenprobleme sind sehr häufig. Ich bekomme viele Leute mit solchen Problemen, und ich weiß, dass dies auf den hektischen Lebensstil zurückzuführen ist, den wir führen, aber wenn die Person mir sagt, dass sie Rückenprobleme hat, frage ich als Erstes: "Fühlt es sich für Sie an, als würden Sie in diesem Leben eine schwere Last tragen?" Und in der Regel werden sie antworten: "Nun, ja, daran habe ich noch nicht einmal gedacht, ich habe so viel Arbeit und Eheprobleme, und all das beeinflusst meinen Rücken." Ich hatte viele Menschen in solchen Situationen, ich hatte sogar einen Notarzt, der zu mir kam, und sein Problem, als es während der Sitzung auftrat, wurde verursacht durch das Gefühl, dass er alle Patienten retten müsse, mit denen er arbeitete, was absolut unmöglich ist. Er setzte sich selbst zu sehr unter Druck.

Ich hatte Geschäftsleute, die zu mir kamen, und sie tragen definitiv eine zu schwere Last, sie setzen sich selbst zu sehr unter Druck mit der Arbeit und den Verantwortlichkeiten, und das fängt an, bestimmte Teile des Rückens zu beeinflussen. Das ist es, was ich meine, wenn ich sage, dass das Unterbewusstsein sehr wörtlich ist. Zum Beispiel Menschen mit Problemen an den Beinen, besonders auf der rechten Seite, die Schmerzen in der Hüfte spüren, die entlang des Beins bis zum Fuß hinuntergehen: Das ist etwas, das immer häufiger vorkommt. Wenn ich es mit Menschen dieser Art zu tun habe, bedeutet das in der Regel, dass ihnen eine Option in ihrem Leben präsentiert wurde, sie könnten einen anderen Weg einschlagen, wenn sie wollen, aber manchmal sind sie sehr, wenn nicht sogar glücklich, zumindest zufrieden mit ihrem derzeitigen Leben, das stabil und bekannt ist, und sie ziehen es vor, auf diesem Weg zu bleiben, anstatt ins Unbekannte zu gehen. Also, vielleicht wurde ihnen eine neue Richtung vorgestellt, ein neuer Job, eine neue Ehe, wer weiß, eine andere Richtung wurde ihnen präsentiert, aber sie zögern, sie haben Angst, den ersten Schritt in eine neue Richtung zu tun. Das verursacht Schmerzen in der Hüfte, im Bein und im Fuß, besonders auf der rechten Seite. Im Allgemeinen kann ich sie fragen, ob in ihrem Leben jetzt etwas passiert, das ihnen eine andere Richtung bieten könnte, aber sie halten sich zurück, und normalerweise kommt es ans Licht, auch wenn sie keine bewusste Verbindung hergestellt haben. Also, das ist es, was ich meine, wenn ich von der Wörtlichkeit des Unterbewusstseins in der Botschaft spreche, die es versucht, dir zu geben. Und sobald die Botschaft übermittelt und verstanden wurde, verschwindet die Störung, und manchmal ist es sogar wundersam, wie plötzlich sie verschwindet. Ich habe Leute mit Magenschmerzen, und im Allgemeinen kommt es darauf zurück, dass etwas in ihrem Leben passiert, das sie nicht "verdauen" können. Hier ist ein weiteres Beispiel für die Wörtlichkeit des Unterbewusstseins. Personen mit Schmerzen und Beschwerden in den Händen und Handgelenken, ich habe festgestellt, dass sie etwas festhalten, das sie nicht mehr in ihrem Leben brauchen, und sie sollten es loslassen. Also, das sind Dinge, an die diese Leute vorher nie gedacht haben.

Das ist wirklich ein völlig neues Konzept, denn wer würde sich selbst schaden wollen? Jetzt gibt es Leute, die, auch wenn sie diese Dinge entdecken, nicht wirklich besser werden wollen, sie wollen nicht geheilt werden, sie wollen nicht gesund werden, und ich bin sicher, dass viele von Ihnen solche Leute kennen, Sie könnten sogar einige in Ihrem Leben haben. Für manche Menschen sind ihre Krankheit, ihre Probleme, ihre Störungen alles, was sie haben, sie haben nichts anderes. Manchmal ist das, was die Aufmerksamkeit auf sie lenkt, dass andere sie bemitleiden, dass sie speziell sind. In Fällen wie diesen, wenn jemand ihnen Aufmerksamkeit schenkt, werden sie verstehen, warum sie die Störung geschaffen haben. Aber in einem Fall wie diesem, wenn sie die Störung beseitigen müssten, hätten sie nichts mehr. Also klammern sie sich in diesen Fällen daran fest, auch wenn es nicht in ihrem besten Interesse ist, und sie verschlimmern sich weiter. Ich kann nicht jedem in meiner Arbeit helfen.

In den Büchern über Jesus, und ich werde bald darüber

sprechen, über die "verlorenen Jahre" von Jesus und die Teile seines Lebens, die niemand kennt. Ich habe entdeckt, dass selbst Jesus nicht jeden heilen konnte, denn er konnte sie anschauen und sehen, ob es ein Teil ihres Karmas war, geheilt zu werden oder nicht. In einem solchen Fall kann man nicht in das Karma einer Person eingreifen, und er wusste das. Er konnte es nicht entfernen. Im besten Fall konnte er helfen, den Schmerz zu lindern. Also, wenn ich Fälle behandeln muss, die ich nicht lindern kann, erinnere ich mich immer daran, dass nicht einmal Jesus jeden heilen konnte. Aber wir tun unser Bestes, wir versuchen unser Bestes. Viele körperliche Krankheiten werden durch Stress verursacht, und die Ärzte beginnen endlich zu verstehen. Herzprobleme, Bluthochdruck, werden durch den Stress im Leben der Menschen verursacht, und sobald sie lernen, sich zu beruhigen, verbessert sich ihr Zustand. Meditation ist wunderbar, ich empfehle sie den Menschen sehr, denn sie ist so effektiv, um den Körper zu beruhigen. Wir leben in einer so hektischen Zeit. Aber ich habe herausgefunden, dass viele Krebsfälle durch Stress und auch durch unterdrückten Zorn verursacht werden. Manchmal sind die Menschen wütend über etwas in ihrem Leben, sie können mit niemandem darüber sprechen, sie können ihre Gefühle nicht ausdrücken, sie halten sie in sich zurück. Es wäre wirklich gut, wenn sie mit jemandem darüber sprechen könnten, aber manchmal tun sie es nicht. Sie fühlen sich, als könnten sie es nicht tun, einige Männer fühlen sich männlich, oder denken, dass sie ihre Gefühle niemandem mitteilen können... du kennst das. Und sie halten diesen unterdrückten Zorn, diese unterdrückten Emotionen in sich fest, und es beginnt im Körper zu gären, besonders im Darmbereich, und während sie das tun, halten sie diesen unterdrückten Zorn, diese unterdrückten Emotionen zurück, und das alles kann schließlich zu Krebs werden, weil es keinen Ausweg gibt und anfängt, die Organe von innen zu verzehren. Also, noch einmal, ich weiß, dass einige Leute sagen werden, dass sie diesen Dingen, die ich sage, nicht glauben, aber das ist, was ich herausgefunden habe, und als Reporter und Forscherin berichte ich einfach, was ich herausgefunden habe. Vielleicht können die Menschen diese Informationen aufnehmen und nutzen, ich hoffe es. Aber das Karma ist auch in all dem sehr wichtig, denn wir bauen Karma mit den Menschen auf. Wir tragen so viel Müll in unserem Gepäck, viele Menschen tun es. Sie halten an Dingen fest, die sie schon lange hätten loslassen sollen, Dinge, die sie nicht mit sich herumtragen sollten. Groll, Hass, Wut gegenüber jemand anderem, und das tut ihnen nicht so viel weh wie dir selbst. Es gab einen Mann, der zu mir kam, er hatte Krebs in verschiedenen Teilen seines Körpers. Jedes Mal, wenn die Ärzte das Problem in einem Teil lösen konnten, tauchte der Krebs in einem anderen Teil seines Körpers auf und wanderte weiter von einer Seite zur anderen. Ich fragte ihn: "Gibt es etwas in deinem persönlichen Leben, das dich wütend macht?"Und er sagte: "Oh ja, meine Ex-Frau. Ich hasse sie, sie hat die Kinder und ich kann sie nicht sehen und ich hasse sie wirklich." Verstehst du, was er tat? Er behielt all das für sich und ich sagte ihm, dass nach meiner Entdeckung er nicht heilen würde, bis er diese Gefühle freilassen würde, er musste sie loslassen. Und du weißt, was das bedeutet, natürlich... das bedeutet vergeben. Er musste seiner Ex-Frau vergeben und all das loslassen und diese Wut nicht mehr festhalten. Ich sagte ihm: "Du musst das tun, du musst ihr vergeben." Und er antwortete: "Ich kann nicht, du weißt nicht, was sie mir angetan hat, wenn ich das tue, wird sie gewinnen." Ich sagte ihm: "Nun, selbst wenn du stirbst, wird sie trotzdem gewinnen." Siehst du, wenn wir diese Emotionen zurückhalten, denken wir, dass wir der anderen Person Gerechtigkeit widerfahren lassen, aber in Wirklichkeit tun wir uns selbst weh, es fängt an, uns von innen zu zerfressen und wird Probleme verursachen. Das gehört zu den alten Müll und Gepäck, das wir mit uns herumtragen, und das sollten wir nicht tun, wir tun uns mehr weh als der anderen Person. Das ist Teil des ganzen Prozesses, wir müssen das Karma loslassen, wir müssen versuchen, all das alte Karma zu lösen und versuchen, nicht noch mehr zu schaffen, sonst müssen wir zurückgehen und es noch einmal mit derselben Person tun. Wir kommen nicht heraus, bis wir alles gelöst haben. Die Erde ist eine Schule und du machst Kurse. Du gehst durch verschiedene Lektionen in dieser Schule. Du kannst keinen Kurs überspringen, aber du kannst durchfallen und den gleichen Kurs noch einmal machen müssen. Du kommst nicht zur nächsten Lektion, bis du die aktuelle gelernt hast, denn das ist das Leben: Es ist eine Reihe von Lektionen und du musst durch diese gehen, bevor du zur nächsten übergehst. Man weiß nicht, ob die nächste besser oder schlechter sein wird, aber du musst durch diese zuerst gehen. Sobald du dieses Karma gelöst hast, kannst du zur nächsten Lektion übergehen. Manchmal, wenn ich Regressionen mache, sehe ich, dass Muster etabliert wurden, die Person durchläuft viele, viele Leben mit derselben Person, sie kommen immer wieder zurück, um die gleichen Probleme zu lösen und am Karma zu arbeiten. Und wenn du stirbst und wieder ins Leben zurückkehrst, findest du dich mit bestimmten Personen wieder, mit denen du Karma entwickelt hast, und du musst versuchen, das Karma mit diesen Personen zu lösen. Du musst es tun, es kommt und geht, du kannst es nicht vermeiden. Wenn du auf der anderen Seite im Jenseits bist, wenn du mit dieser Person sprichst, sagst du: "Nun, wir haben es das letzte Mal nicht so gut gemacht, oder? Lass uns zurückkehren und es noch einmal versuchen, diesmal wirst du der Ehemann sein und ich werde die Frau sein, wir können die Rollen umkehren und vielleicht können wir es auf diese Weise lösen", denn du musst es lösen, und manchmal ist es nicht nur ein vergangenes Leben, das das Problem verursacht, es können mehrere Leben sein, du hast bestimmte Gewohnheiten mit derselben Person entwickelt und machst keinen Fortschritt, um das Karma zu lösen.

Wenn du in diesem Fall zurückgehst und es immer noch nicht lösen kannst, wenn du immer noch Probleme hast, dann kommst du nirgendwo hin, du drehst dich im Kreis. Viele Leute sprechen über einen Vater oder eine Mutter in ihrem Leben, mit denen sie nie zufrieden sein können und mit denen sie nie das Karma lösen können. In einem solchen Fall sage ich ihnen, es geistig zu tun. Sie können es nicht bewusst tun, weil die andere Person keine Ahnung hat, wovon du sprichst. Aber du kannst die andere Person geistig korrigieren und sagen: "Es wird nicht funktionieren, wir haben es viele Male versucht, vielleicht ist es an der Zeit, den Vertrag zu lösen", denn wenn du in dieses Leben trittst, unterschreibst du einen Vertrag mit diesen Personen und dann kann es vorteilhaft sein, den Vertrag zu brechen: Du gehst deinen Weg und ich gehe meinen und wir versuchen es anders zu lösen. Wir haben es wirklich versucht, aber es funktioniert einfach nicht."

Warum weiterhin etwas wiederholen, das in diesem Fall nicht funktionieren wird? Lassen Sie einfach los, lassen Sie sie frei. Geistig sagst du ihnen: "Gehe deinen Weg mit Liebe und versuche deine Probleme anders zu lösen, ich werde meinen gehen. Wir haben es versucht und können es nicht tun, also vergessen wir das und gehen zu einer anderen Lektion über." Und du wirst überrascht sein, wenn du das getan hast, denn die andere Person wird dich nicht mehr wie zuvor beeinflussen können. Ich mag sagen, dass sie nicht mehr auf deine Knöpfe drücken können. Es ist nicht mehr lustig für sie, es ist ein Spiel, das sie oft spielen, nur um dich wütend zu machen. Sobald du sie freigibst und sie gehen lässt, werden sie dich nicht mehr auf die gleiche Weise beeinflussen können und sie können deine Knöpfe nicht mehr drücken. Viele Leute sind sehr überrascht, wie das passieren kann. Einige Leute sagen: "Aber die Person, mit der ich Probleme habe, ist gestorben, ihr Körper ist weg und wir hatten nie die Gelegenheit, unsere Probleme zu lösen." Sie können immer noch Kontakt mit ihnen aufnehmen, indem Sie geistig mit dem Geist dieser Person auf der anderen Seite kommunizieren. Sie können immer noch Kontakt mit ihnen haben und es auf die gleiche Weise tun, indem Sie sagen: "Wir haben es versucht und können es nicht lösen, also löse ich dich vom Vertrag. Geh weiter und finde auf deiner Seite den besten Weg, um deine Probleme zu lösen und deinen Weg zu gehen, und ich werde meinen gehen." Du wirst überrascht sein, wie viel mentale Ruhe du dann haben wirst, weil du diese Person freigelassen hast. Mir wird oft die Frage gestellt: "Was ist der schnellste, aber nicht unbedingt einfachste Weg, um das Karma zu lösen und sich vom Karma zu befreien?". Der schnellste, aber nicht einfachste Weg, ist, der Person zu vergeben. Sie müssen ihr vergeben, und das ist sehr schwer, aber Sie müssen ihr vergeben und sie gehen lassen, damit Sie kein Karma mehr mit dieser Person haben und sie Ihnen nicht mehr schaden kann. Sie kann Ihr Leben nicht mehr beeinflussen. Viele Menschen, die zu mir kommen, haben karmische Probleme mit ihrer Familie. Sie wollen wissen, warum sie in diese Familie gekommen sind, warum sie sich in dieser Situation wiederfanden. Ich habe schreckliche Geschichten gehört, die Sie nicht glauben würden, darüber, wie einige Menschen aufgewachsen sind, wie sie als Kinder behandelt wurden, und oft frage ich mich, wie diese Person trotz ihrer schwierigen Kindheit zu einem halbwegs normalen Erwachsenen werden konnte. Aber zu ihrem Verdienst haben sie es geschafft. Sie haben all diese Dinge überwunden und sind normale Erwachsene geworden, die zur Gesellschaft beitragen. In diesen Fällen könnten Sie denken, dass sie vielleicht mit den Prüfungen, die ihnen auferlegt wurden, vielleicht mit etwas, das in einem anderen Leben passiert ist, Karma bezahlen, indem sie diese Erfahrungen machen müssen. Denn oft wird das Unterbewusstsein sagen, dass sie bestimmte Dinge lernen mussten und dass dies der einzige Weg war, es zu tun.

Bevor Sie in dieses Leben eintreten, wird Ihnen ein Überblick darüber gezeigt, wie Ihr Leben aussehen wird, und Sie stimmen zu, dieses Leben zu leben. Ihre Führer und Schutzengel werden Ihnen sagen: "Sie wissen, dass dieses Leben nicht einfach sein wird. Wenn Sie es nicht tun wollen, müssen Sie es nicht tun. Aber wenn Sie in dieses Leben eintreten, werden Sie viel Karma bezahlen, Sie werden sich von viel Müll und Gepäck befreien, das Sie seit vielen Leben mit sich herumgetragen haben." Im

Allgemeinen stimmt die Person zu und sagt: "Okay, ich werde es versuchen." Denken Sie daran, dass Ihnen diese Erfahrungen nicht zugeteilt wurden, Sie haben ausgewählt, was Sie in diesem Leben lösen wollen, als Sie gekommen sind. Ich hoffe, Sie haben den schlimmsten Teil bereits überwunden, vielleicht mit Eltern, die Probleme verursacht haben, aber Sie haben sie aus einem bestimmten Grund ausgewählt. Ich habe sogar Menschen entdeckt, die adoptiert wurden und ihre biologischen Eltern für die biologischen Merkmale des Körpers, aber auch, weil sie, als sie diesen Überblick über das Leben erhalten haben, auch die Person sehen, die sie später adoptieren wird. Also lassen Sie uns versuchen, den Großteil dieser Dinge zu lösen, bevor wir zurückkehren, aber Sie wissen, die besten Pläne von Mäusen und Männern verwirklichen sich oft nicht so, wie wir es gerne hätten. Das liegt daran, dass es sich um einen Planeten des freien Willens handelt. Sie kommen hierher mit Ihrem schönen Plan, alles verpackt in einem Paket wie ein Weihnachtsgeschenk mit einem schönen Band, das sagt "Das will ich tun, ich werde es dieses Mal richtig machen", aber da es sich um einen Planeten des freien Willens handelt, kommen alle anderen Teilnehmer dieses großen Szenarios, dieser Theateraufführung, dieses Spiels, an dem wir alle beteiligt sind, mit ihren kleinen Plänen darüber, wie sie die Dinge machen wollen, alle schön verpackt in schönen Geschenken. Und wenn sie hier ankommen, kollidiert alles, und oft geht es nicht wie geplant. Ich habe Menschen durch die

Erfahrung des Todes geführt und sie sagen: "Ich hatte alles im Voraus geplant, ich hätte verstanden, was ist passiert? Das Leben ist vorbeigegangen. Das Leben kommt dazwischen. Es gibt Emotionen, es gibt Liebe, es gibt Wut, es gibt Eifersucht, all diese Dinge, mit denen wir konfrontiert werden müssen, und wir versuchen, sie so gut wie möglich zu lösen. Und wenn unser Plan nicht funktioniert, nehmen wir den alternativen Weg und tun unser Bestes, denn das ist alles, was wir tun können. Sie können nicht alles in diesem Leben tun, aber Sie können es beim nächsten Mal tun. Diese Dinge sind wirklich wichtig für uns zu wissen, denn sobald wir diese Dinge verstehen, haben wir Kontrolle über unser Leben, zumindest teilweise. Der Geist ist mächtig genug, um Krankheiten zu erschaffen und auch zu heilen und zu beseitigen, sobald wir verstehen, warum die Person diese Krankheiten hat, wenn wir verstehen, welche Prüfung ihr Unterbewusstsein uns zeigen will. Ich würde gerne einige weitere Beispiele erzählen, aber ich weiß nicht, ob ich Zeit dazu haben werde.

Ich hatte einen jungen Mann, der zu mir kam, ein Universitätsstudent, viel älter als die anderen Jungen in seiner Klasse, weil er es nie geschafft hatte, seinen Kurs abzuschließen. Er war ständig gestresst, und wenn er im Unterricht saß, um den Kurs zu belegen, wurde ihm oft schwindelig. Während dieser Episoden war er so gestresst, dass er nicht einmal essen konnte, er musste sich ständig übergeben und hatte Darmprobleme. Es war sehr schwer für ihn. Also ging er gestresst zum Unterricht, ohne zu essen, mit Übelkeit, und er wurde oft im Unterricht ohnmächtig. Das ging zwei oder drei Jahre lang so weiter, ohne dass er seinen Kurs abschließen konnte. Er konnte nicht einmal vorankommen. Wir versuchten herauszufinden, was das alles verursachte. Als ich ihn unter Hypnose setzte, entdeckten wir ein Muster. Er hatte etwa fünf verschiedene Leben gelebt, in denen er aufgrund von Verletzungen in diesem Teil seines Körpers, seinem Darmbereich, gestorben war. Er hatte verschiedene Verletzungen erlitten, wie zum Beispiel von einer Bajonetten gestochen zu werden, von einem Wagen überfahren zu werden, von einer Klippe zu fallen, und all diese Verletzungen waren an diesem Körperteil. Es war also zu einer sehr empfindlichen Stelle seines Körpers geworden. In diesem Leben, wenn er gestresst war, reagierte dieser Teil seines Körpers und verursachte Probleme. Während der Hypnosesitzung entdeckten wir ein weiteres Element, das mit diesem Leben verbunden war. Sein Unterbewusstsein sagte: "Ich spüre Mama. Ich spüre, wie Mama sagt 'Du machst mich krank' 'Du machst mich kotzen'. Da ist der Schlüssel. Es war das Muster vergangener Leben, es war eine Routine, und er hatte sie auch in diesem Leben verfolgt, weil seine Mutter diese Gefühle ihm gegenüber hatte, als er ein Kind war. Er wuchs also mit einem Gefühl der Minderwertigkeit auf. Ich nehme an, Sie könnten sagen, dass das Gefühl von Stress auf diesem Körperteil zentriert ist und einfach demselben Muster auch in diesem Leben folgt. Sein Unterbewusstsein sagte, auch das Muster erkennend, dass es hilfreich gewesen wäre, wenn er seiner Mutter hätte vergeben und sie hätte loslassen können. In diesem Fall hätten wir ihn komplett befreien können.

Also haben wir daran für den Rest der Sitzung gearbeitet, zu versuchen, ihm zu vergeben und seine Mutter loszulassen, weil er viele Probleme mit ihr hatte, von denen er mir nicht einmal erzählt hatte. Dann, kurz bevor die Sitzung endete, sagte das Unterbewusstsein, dass alles gut werden würde und dass er jetzt hungrig sei. Als er aufwachte, sagte er: "Weißt du, ich habe Hunger", und das war das erste Mal seit mehreren Tagen, dass er wirklich etwas essen wollte und es im Magen behalten konnte. Verstehen Sie, was ich meine? Wir müssen in vergangene Leben zurückgehen, um einige dieser Ursachen zu entdecken, die manchmal mit diesem Leben verbunden sind. Es kann viele verschiedene Gründe für diese Probleme geben. Eine häufige Beschwerde, die ich höre, sind Kopfschmerzen, wie Migräne. Viele Menschen kommen mit Migräne zu mir, es scheint ein häufiges Problem zu sein, vielleicht aufgrund unserer stressigen Welt. Migräne können sehr einfach angegangen werden, da viele von ihnen einem Muster aus mehreren vergangenen Leben folgen. Einige von ihnen können leicht zu verstehen sein, wie zum Beispiel Kopftraumata in einem früheren Leben, wie von einem Schlag oder einem Angriff durch Tiere getroffen zu werden. Es ist kein seltsames Phänomen, Kopfverletzungen können diese Dinge verursachen. Ich hatte einen Mann, der in ein Leben zurückkehrte, in dem er während des amerikanischen Bürgerkriegs am Kopf getroffen wurde. Es gab auch eine Frau in England, die eine andere Art von Kopfschmerzen hatte. Es begann an der Nasenwurzel und breitete sich als Linie über den Kopf aus, es war ein stechender Schmerz. Kein Medikament konnte ihr helfen, sie konnte selten Linderung finden. Der Schmerz erstreckte sich von der Nasenwurzel bis zum Scheitel, und sobald ich hörte, wie sie den Schmerz beschrieb, hatte ich eine Ahnung, was es sein könnte. Einige von Ihnen, die mit diesen Dingen vertraut sind, können verstehen, was ich meine. In einem früheren Leben wurde diese Frau von einem Schwert getroffen, das ihr genau auf den Kopf fiel. Dieser Schmerz schien mit diesem Leben verbunden zu sein, und ihr Unterbewusstsein versuchte, ihr etwas mitzuteilen. All diese Symptome versuchen Ihnen etwas in diesem Leben zu kommunizieren, wie das Wiederholen der gleichen Fehler aus einem früheren Leben zu vermeiden. In den Sitzungen versuchen wir herauszufinden, was sie kommunizieren möchten und was die Person in ihrem früheren Leben getan hat, was das Unterbewusstsein nicht möchte, dass sie es in diesem Leben wiederholt. Ich hatte auch Fälle von Frauen, die Kinder haben wollten, aber eine Reihe von Fehlgeburten hatten, manchmal konnten sie nicht einmal schwanger werden. Die Ärzte sagten, dass mit ihnen nichts falsch sei, es gab keinen

Grund, warum sie kein gesundes Baby bekommen könnten. Wir entdeckten jedoch oft, dass die Person in einem früheren Leben während der Geburt gestorben war und dieser Teil des Unterbewusstseins versuchte, sie zu schützen.

Das Unterbewusstsein argumentierte so: Wenn die Person in der Vergangenheit beim Gebären gestorben war, war die Lösung, eine erneute Schwangerschaft zu vermeiden. Es ist eine seltsame Form der Logik, aber so geht dieses Teil des Unterbewusstseins mit diesen Dingen um. Ich musste mit ihr streiten und versuchen, ihr zu erklären, dass das Problem in einem anderen Körper in einem anderen Leben lag und dass der Körper, in dem sie sich jetzt in diesem Leben befand, gesund war und ohne körperliche Probleme ein Baby haben konnte. Oft gelang es der Person, nach einer gewissen Zeit erfolgreich schwanger zu werden, sobald sie dieses Konzept verstanden hatte, weil das Unterbewusstsein die Situation endlich verstand. Viele dieser Situationen gehen auf frühere Leben und die Art und Weise zurück, wie die Person in diesem Leben gestorben ist. Das sind wiederkehrende Themen in meiner Arbeit. Leider lernen Ärzte nicht, was Krankheiten verursacht, sie sehen es nur als ein körperliches Problem, das nicht mit früheren Leben oder den Bedingungen dieses Lebens in Verbindung steht, die Stress verursachen können. Sie verstehen es nicht und sehen es nicht auf diese Weise, weil sie nicht so ausgebildet wurden. Aber jetzt, da ich

Menschen auf der ganzen Welt ausbilde, beginnen sie zu erkennen, dass der Geist viel mächtiger ist, als sie es sich vorgestellt haben, und ich denke, wir werden viele Veränderungen sehen, viele Dinge werden passieren, die noch nie zuvor passiert sind, und in meinen zukünftigen Vorträgen werde ich über die Bücher sprechen, die ich über verschiedene Fälle geschrieben habe.

MANIFESTIEREN SIE WÜNSCHE IN DER REALITÄT GEMÄSS DEN LEHREN VON DOLORES CANNON: PRAKTISCHE TECHNIKEN

EINFÜHRUNG

Träumen Sie davon, ein Leben voller Freude, Fülle und Liebe zu leben? Möchten Sie Ihre kühnsten Träume verwirklichen und Ihre Realität transformieren? Wenn die Antwort ja ist, dann sind Sie hier genau richtig. In diesem Buch zeigen wir Ihnen, wie Sie Ihre tiefsten Wünsche im Einklang mit dem Universum manifestieren können. Wir werden Ihnen beibringen, wie Sie die Kraft von Worten, Gebeten und Affirmationen nutzen können, um das Leben zu erschaffen, das Sie sich wünschen. Wir begleiten Sie auf einer transformierenden Reise, auf der Sie die tiefe Verbindung entdecken werden, die zwischen Ihnen und dem Universum besteht. Sie werden in den komplexen Tanz eintauchen, den Sie mit dem Kosmos unternehmen, eine Partnerschaft, in der jeder Schritt und jedes Wort von entscheidender Bedeutung sind.

Dieses Buch ist in elf Kapitel unterteilt, von denen jedes eine wertvolle Lektion, ein praktisches Beispiel und Inspiration für Ihren Tanz mit dem Universum bietet. In jedem Kapitel finden Sie auch positive Affirmationen, die Sie wiederholen können, um Ihre Manifestationskraft zu stärken. Diese Affirmationen wurden sorgfältig ausgewählt, um im Einklang mit Ihren tiefsten Zielen und der Energie des Universums zu stehen.

Wir sind überzeugt, dass Sie, indem Sie unseren Rat befolgen und unsere Techniken anwenden, in der Lage sein werden, Ihre Wünsche schneller und einfacher zu manifestieren, als Sie vielleicht denken. Möge Ihr Tanz mit dem Universum von Freude, Erfüllung und Wohlstand in allen Bereichen Ihres Lebens erfüllt sein.

KAPITEL 1: DIE KRAFT DER AFFIRMATIONEN

Die Worte haben eine unglaubliche Kraft. Sie können erschaffen oder zerstören, inspirieren oder entmutigen, heilen oder verletzen. Die Worte, die wir verwenden, spiegeln unseren Geisteszustand, unsere Überzeugungen und Absichten wider. Aber das ist noch nicht alles: Die Worte, die wir verwenden, beeinflussen auch unsere Realität. Wenn wir Worte aussprechen, senden wir Schwingungen ins Universum, das entsprechend reagiert.

Affirmationen sind positive Sätze, die unsere Wünsche ausdrücken, als wären sie bereits verwirklicht. Affirmationen sind ein mächtiges Werkzeug, um unsere Wünsche zu manifestieren, denn sie helfen uns, unsere Denkweise, Gefühle und Handlungen zu verändern. Wenn wir Affirmationen mit Überzeugung und Vertrauen wiederholen, ziehen wir das in unser Leben, was wir wollen.

Um effektive Affirmationen zu erstellen, müssen wir ein paar Regeln beachten:

1. Affirmationen müssen im Präsens formuliert werden, als ob unser Wunsch bereits erfüllt wäre. Zum Beispiel: "Ich bin glücklich und dankbar für meinen idealen Job" anstelle von "Ich werde meinen idealen Job finden".

2. Affirmationen müssen positiv sein, ohne Verneinungen oder einschränkende Worte zu verwenden. Zum Beispiel: "Ich bin gesund und voller Energie" anstelle von "Ich bin nicht krank oder müde".

3. Affirmationen müssen spezifisch sein, ohne zu vage oder allgemein zu sein. Zum Beispiel: "Ich verdiene 5000 Euro pro Monat, indem ich das tue, was ich liebe" anstelle von "Ich bin erfolgreich und habe Geld".

4. Affirmationen müssen realistisch sein, ohne zu fantastisch oder unmöglich zu sein. Zum Beispiel: "Ich reise oft an wundervolle Orte" anstelle von "Ich fliege wie Superman".

In diesem Kapitel bieten wir Ihnen einige Affirmationen, um Ihre Wünsche in verschiedenen Lebensbereichen zu manifestieren. Sie können diejenigen wählen, die Ihnen am meisten zusagen, oder Ihre eigenen erstellen, indem Sie die oben genannten Regeln befolgen. Wir empfehlen Ihnen, Ihre Affirmationen mindestens zweimal täglich zu wiederholen, vorzugsweise morgens nach dem Aufwachen und abends vor dem Schlafengehen. Sie können Ihre Affirmationen auch aufschreiben und häufig lesen. Wichtig ist, sie mit Gefühl zu wiederholen und sich vorzustellen, dass Ihr Wunsch bereits erfüllt ist. Hier sind einige Affirmationen, um Ihre Wünsche zu manifestieren:

Affirmationen für die Liebe:

- Ich bin geliebt und geschätzt für das, was ich bin.

- Ich ziehe den idealen Partner für mich in mein Leben.

- Ich habe eine glückliche, harmonische und leidenschaftliche Beziehung.

- Ich drücke Liebe auf aufrichtige und großzügige Weise aus und empfange sie.

- Ich bleibe mir selbst und meinem Partner treu.

Affirmationen für die Arbeit:

- Ich bin glücklich und dankbar für meinen idealen Job.

- Ich erledige meine Arbeit mit Begeisterung, Kreativität und Kompetenz.

- Ich erhalte die angemessene Anerkennung und Bezahlung für meine Arbeit.

- Ich arbeite mit positiven, anregenden und kooperativen Menschen zusammen.

- Ich entwickle mich beruflich und persönlich durch meine Arbeit weiter.

Affirmationen für die Gesundheit:

- Ich bin gesund und voller Energie.

- Mein Körper ist stark, widerstandsfähig und fit.

- Ich kümmere mich liebevoll und respektvoll um meinen Körper.

- Ich höre auf die Signale meines Körpers und reagiere darauf auf die beste Weise.

- Ich bin meinem Körper für alles, was er für mich tut, dankbar.

Affirmationen für Fülle:

- Ich bin reich und wohlhabend in allen Bereichen meines Lebens.

- Ich ziehe Fülle an Geld, Gelegenheiten und Wohlbefinden in mein Leben.

- Ich handle mein Geld weise und großzügig.

- Ich verdiene es, alles zu haben, was ich mir wünsche.

- Ich teile meine Fülle mit anderen.

Affirmationen für Glück:

- Ich bin glücklich und dankbar für alles, was ich in meinem Leben habe.

- Ich wähle es jeden Tag, glücklich zu sein.

- Ich finde Freude in den kleinen Dingen des Lebens.

- Ich umgebe mich mit positiven, fröhlichen und optimistischen Menschen.

- Ich verbreite Glück um mich herum.

Dies sind nur einige der möglichen Affirmationen, die Sie verwenden können, um Ihre Wünsche zu manifestieren. Denken Sie daran, dass Affirmationen ein mächtiges, aber kein magisches Werkzeug sind. Damit sie funktionieren, müssen sie mit konkreten Handlungen, Kohärenz und Vertrauen einhergehen. Es reicht nicht aus, die Worte zu sagen, Sie müssen wirklich daran glauben. So können Sie sich mit dem Universum abstimmen und mit ihm gemeinsam auf die Verwirklichung Ihrer Träume hinarbeiten.

KAPITEL 2: DIE GÖTTLICHE ZEIT

Wie oft hast du schon Frustration oder Ungeduld empfunden, weil deine Wünsche sich nicht erfüllten? Wie oft hast du gedacht, dass das Universum dich nicht hört oder dir nicht hilft? Wie oft hast du an deiner Fähigkeit gezweifelt, deine Träume zu manifestieren?

Wenn du dich schon einmal so gefühlt hast, bist du nicht allein. Es ist normal, diese Emotionen zu empfinden, wenn wir im Manifestationsprozess sind. Diese Emotionen können jedoch schädlich sein, wenn sie uns das Vertrauen in uns selbst und das Universum nehmen lassen. Deshalb müssen wir lernen, die göttliche Zeit zu akzeptieren und zu respektieren.

Die göttliche Zeit ist die Zeit des Universums, die nicht immer mit unserer menschlichen Zeit übereinstimmt. Das Universum hat eine breitere und tiefere Perspektive als wir, es weiß, was am besten für uns ist und wann der richtige Zeitpunkt ist, um es uns zu geben. Das Universum vergisst uns nicht und ignoriert uns nicht, sondern bereitet uns darauf vor, unsere Wünsche auf die bestmögliche Weise zu empfangen.

Um unsere Wünsche in Harmonie mit dem Universum zu manifestieren, müssen wir Geduld zeigen. Geduld ist keine Passivität oder Resignation, sondern eine aktive und bewusste Tugend.

Geduld ist eine Tugend, die es uns ermöglicht, mit

Vertrauen und Gelassenheit auf den Moment zu warten, in dem unsere Wünsche sich erfüllen werden. Geduld hilft uns, die Reise zu genießen, ohne uns ausschließlich auf das Ziel zu konzentrieren. Geduld lehrt uns, Vertrauen in das Universum zu haben, das weiß, was am besten für uns ist und wann der richtige Zeitpunkt ist, um es uns zu geben.

Um Geduld zu kultivieren, sollten wir auch vermeiden, uns mit anderen zu vergleichen. Jeder von uns hat einen einzigartigen und persönlichen Weg, der nicht mit dem von anderen verglichen werden kann. Wir sollten uns nicht im Rückstand oder im Defizit im Vergleich zu anderen fühlen, sondern unsere Fortschritte und Erfolge schätzen. Wir sollten andere nicht beneiden oder kritisieren, sondern uns gegenseitig inspirieren und unterstützen.

In diesem Kapitel geben wir Ihnen einige Tipps, wie Sie Geduld in Ihrem Manifestationsprozess üben können. Wir zeigen Ihnen, wie Sie Ihre Ungeduld in eine Gelegenheit für Wachstum und Lernen verwandeln können. Wir ermutigen Sie, Vertrauen in die göttliche Zeit zu haben, die Ihre Wünsche auf die angemessenste Weise und zum richtigen Zeitpunkt bringen wird.

Hier sind einige Tipps, um Geduld zu üben:

1. Entspannen Sie sich und atmen Sie tief ein. Wenn Sie

sich ängstlich oder frustriert fühlen, machen Sie eine Pause und atmen Sie tief ein. Dies wird Ihnen helfen, Ihren Geist und Ihren Körper zu beruhigen und Ihr inneres Gleichgewicht wiederherzustellen.

2. Erinnern Sie sich an Ihr Ziel. Wenn Sie sich entmutigt fühlen oder versucht sind aufzugeben, erinnern Sie sich daran, warum Sie diese Reise begonnen haben. Denken Sie daran, was Ihre tiefsten Wünsche sind und was Ihr Ziel im Leben ist. Dies wird Ihnen die Kraft und Motivation geben, weiterzumachen.

3. Feiern Sie Ihre Erfolge. Wenn Sie ein Ziel erreichen oder einen Schritt in Richtung Ihrer Wünsche machen, gratulieren Sie sich selbst. Loben Sie sich, gönnen Sie sich etwas, teilen Sie Ihre Freude mit anderen. Dies wird Sie dankbar und stolz auf sich selbst fühlen lassen.

4. Seien Sie flexibel und offen für Veränderungen. Manchmal verlaufen unsere Pläne nicht wie geplant oder Dinge passieren nicht so, wie wir es möchten. Anstatt sich zu ärgern oder zu klagen, akzeptieren Sie die Situation und passen Sie sich an. Sehen Sie Veränderungen als eine Gelegenheit, etwas Neues zu lernen oder neue Möglichkeiten zu entdecken.

5. Vertrauen Sie dem Universum. Wenn Sie alles getan haben, um Ihre Wünsche zu manifestieren, lassen Sie los und vertrauen Sie dem Universum. Glauben Sie, dass das Universum Sie liebt und Ihr Wohlergehen möchte. Glauben Sie, dass das Universum Ihre Wünsche auf die angemessenste Weise und zum richtigen Zeitpunkt erfüllen wird.

Dies sind nur einige der möglichen Tipps, die Sie befolgen können, um Geduld in Ihrem Manifestationsprozess zu üben. Denken Sie daran, dass Geduld eine Tugend ist, die mit der Zeit und Übung kultiviert wird. Je geduldiger Sie sind, desto glücklicher und zufriedener werden Sie mit Ihrem Leben sein.

KAPITEL 3: DER TANZ MIT DEM UNIVERSUM

Manifestieren unserer Wünsche ist kein einsamer Akt, sondern ein Tanz mit dem Universum. Ein Tanz, bei dem wir die Tänzer sind und das Universum unser Partner ist. Ein Tanz, bei dem jede Bewegung, jede Geste, jedes Wort zählt. Ein Tanz, bei dem wir synchronisiert, harmonisiert und gegenseitig respektvoll sein müssen.

1. Der Tanz mit dem Universum erfordert einen ständigen Austausch von positiven Energien zwischen uns und dem Kosmos. Wir können nicht erwarten, zu empfangen, ohne zu geben, noch geben, ohne zu empfangen. Wir müssen ein Gleichgewicht zwischen Geben und Empfangen, zwischen Fordern und Danken, zwischen Wünschen und Schätzen aufrechterhalten.

2. Darüber hinaus erfordert der Tanz mit dem Universum ein aktives Engagement unsererseits. Wir können nicht passiv bleiben und darauf warten, dass unsere Wünsche sich erfüllen, sondern wir müssen unseren Teil dazu beitragen, sie zu erreichen. Wir müssen Initiative ergreifen, Entscheidungen treffen und im Einklang mit unseren Zielen handeln.

3. Schließlich erfordert der Tanz mit dem Universum eine positive Einstellung unsererseits. Wir können nicht klagen, zweifeln oder fürchten, sondern müssen zuversichtlich, optimistisch und mutig sein. Wir müssen an unsere Träume, an unsere Fähigkeit, sie zu verwirklichen, und an die Hilfe des Universums glauben.

4. In diesem Kapitel werden wir erklären, wie man effektiv und harmonisch mit dem Universum tanzt. Wir zeigen Ihnen, wie Sie einen ständigen Fluss positiver Energien zwischen Ihnen und dem Kosmos aufrechterhalten können. Wir werden Ihnen beibringen, wie Sie proaktiv, verantwortungsbewusst und positiv in Ihrem Manifestationsprozess sein können.

Hier sind einige Tipps, wie Sie mit dem Universum tanzen können:

1. Geben und empfangen Sie mit Freude. Wenn Sie etwas an jemanden oder etwas geben, tun Sie es mit Freude und Großzügigkeit. Wenn Sie etwas von jemandem oder etwas erhalten, tun Sie es mit Freude und Dankbarkeit. Dies wird Ihnen helfen, einen Teufelskreis der Fülle und des Wohlstands zu schaffen.

2. Fragen Sie und bedanken Sie sich aufrichtig. Wenn Sie

etwas vom Universum erbitten, tun Sie es aufrichtig und demütig. Wenn Sie dem Universum für etwas danken, tun Sie es aufrichtig und mit Wertschätzung. Dies wird Ihnen helfen, eine Beziehung des Vertrauens und Respekts zum Kosmos aufzubauen.

3. Wünschen und schätzen Sie mit Leidenschaft. Wenn Sie etwas wünschen, tun Sie es mit Leidenschaft und Begeisterung. Wenn Sie etwas schätzen, tun Sie es mit Leidenschaft und Liebe. Dies wird Ihnen helfen, die Flamme in Ihrem Herzen und Ihrer Seele am Leben zu erhalten.

4. Handeln und reagieren Sie weise. Wenn Sie handeln, um Ihre Wünsche zu verwirklichen, tun Sie es weise und kompetent. Wenn Sie auf Situationen reagieren, tun Sie es mit Weisheit und Flexibilität. Dies wird Ihnen helfen, die richtigen Entscheidungen zu treffen und sich an Veränderungen anzupassen.

5. Glauben Sie und warten Sie mit Kraft. Wenn Sie an Ihre Träume glauben, tun Sie es mit Kraft und Überzeugung. Wenn Sie auf Ihre Zukunft warten, tun Sie es mit Kraft und Optimismus. Dies wird Ihnen helfen, Hindernisse zu überwinden und Ihre Ziele zu erreichen.

Dies sind nur einige mögliche Tipps, die Sie befolgen können, um effektiv und harmonisch mit dem Universum zu tanzen. Denken Sie daran, dass mit dem Universum zu tanzen ein Tanz der Liebe, Freude und des Friedens ist. Ein Tanz, der Sie dazu bringen wird, Ihre tiefsten Wünsche im Einklang mit dem Kosmos zu manifestieren.

KAPITEL 4: MASSNAHMEN ERGREIFEN IM KOSMISCHEN TANZ

Im vorherigen Kapitel haben wir gesehen, wie die Manifestation unserer Wünsche ein Tanz mit dem Universum ist, in dem wir positive Energien mit dem Kosmos austauschen und eine positive Einstellung bewahren müssen. In diesem Kapitel werden wir ein weiteres grundlegendes Element dieses Tanzes betrachten: die Handlung. Die Handlung ist die Bewegung, die wir unternehmen, um unsere Wünsche zu verwirklichen. Die Handlung ist die Art und Weise, wie wir dem Universum unsere Absichten und Sehnsüchte mitteilen. Die Handlung ist die Art und Weise, wie wir dem Kosmos unseren Willen und unsere Entschlossenheit zeigen.

Handeln ist unerlässlich, um unsere Wünsche zu manifestieren, denn ohne Handeln können wir nicht erwarten, dass das Universum die ganze Arbeit für uns erledigt. Das Universum unterstützt und hilft uns, kann uns aber nicht ersetzen. Wir müssen unseren Teil dazu beitragen, indem wir unsere Pläne umsetzen, Herausforderungen bewältigen und Chancen ergreifen.

In diesem Kapitel zeigen wir Ihnen, wie Sie im Tanz mit dem Universum Maßnahmen ergreifen können. Wir erklären Ihnen, wie Sie die geeignetsten Handlungen für Ihre Wünsche auswählen, wie Sie eine positive Einstellung bei Ihren Handlungen bewahren und wie Sie die Ergebnisse Ihrer Handlungen bewerten.

Auswahl von Handlungen:

Der erste Schritt, um Maßnahmen im Tanz mit dem Universum zu ergreifen, besteht darin, die geeignetsten Handlungen für Ihre Wünsche auszuwählen. Das bedeutet, dass Ihre Handlungen:

1. **Koordiniert sind**: Ihre Handlungen müssen mit Ihren Wünschen, Werten und Prinzipien übereinstimmen. Es ist sinnlos, gegen das zu handeln, was Sie wollen oder wer Sie sind. Wenn beispielsweise Ihr Wunsch ist, eine glückliche Beziehung zu haben, ist es sinnlos, Ihren Partner zu betrügen oder schlecht zu behandeln.

2. **Konkret sind**: Ihre Handlungen müssen spezifisch, messbar und überprüfbar sein. Es reicht nicht aus, vage Ideen oder unrealistische Träume zu haben. Sie müssen klare Ziele und definierte Schritte haben, um sie zu erreichen. Wenn beispielsweise Ihr Wunsch ist, in ein fremdes Land zu reisen, reicht es nicht aus, es sich vorzustellen oder davon zu träumen. Sie müssen die Reise planen, den Flug buchen, Ihr Gepäck packen, usw.

3. **Kreativ sind**: Ihre Handlungen müssen originell,

innovativ und unterhaltsam sein. Beschränken Sie sich nicht darauf, das zu tun, was alle anderen tun oder was man Ihnen sagt zu tun. Sie müssen Ihre eigene einzigartige Art und Weise finden, Ihre Wünsche auszudrücken und zu verwirklichen. Wenn beispielsweise Ihr Wunsch ist, ein Buch zu schreiben, kopieren Sie nicht den Stil oder den Inhalt anderer Autoren. Sie müssen Ihre eigene Stimme und Ihre eigene Botschaft finden.

Um die geeignetsten Handlungen für Ihre Wünsche auszuwählen, können Sie die folgende Formel verwenden:

1. Was will ich? Das ist die Frage, mit der Sie Ihren Wunsch klar und präzise definieren.

2. Warum will ich es? Das ist die Frage, mit der Sie das tiefere Motiv Ihres Wunsches und dessen Bedeutung für Sie verstehen können.

3. Wie kann ich es erreichen? Das ist die Frage, mit der Sie die erforderlichen Schritte identifizieren können, um Ihren Wunsch zu verwirklichen.

Beispielsweise können Sie die Formel wie folgt für den Wunsch, eine neue Sprache zu lernen, verwenden:

1. Was will ich? Ich möchte Spanisch lernen.

2. Warum will ich es? Ich möchte es, weil ich die spanische Kultur liebe und mit den Menschen

kommunizieren möchte, die sie sprechen.

3. Prioritär: Ihre Handlungen müssen die wichtigsten und dringendsten für Sie sein. Sie sollten sich nicht von weniger relevanten oder interessanten Dingen ablenken lassen. Sie sollten Ihre Zeit und Energie Ihren Handlungen widmen, ohne zu zögern oder zu verzögern. Beispielsweise sollten Sie, wenn Ihr Wunsch darin besteht, ein Unternehmen zu gründen, keine Zeit damit verschwenden, fernzusehen oder im Internet zu surfen. Sie sollten Recherchen durchführen, einen Businessplan erstellen, Finanzierungen suchen usw.

4. Positiv: Ihre Handlungen sollten mit positiven Emotionen und einer positiven Einstellung durchgeführt werden. Sie sollten nicht aus Angst, Schuldgefühlen oder Verpflichtung handeln. Sie sollten aus Liebe, Leidenschaft oder Begeisterung handeln. Beispielsweise sollten Sie, wenn Ihr Wunsch darin besteht, Gewicht zu verlieren, nicht diäten, weil Sie Ihren Körper hassen oder um anderen zu gefallen. Sie sollten gesund essen und Sport treiben, um Ihren Körper zu lieben und sich wohl zu fühlen.

5. Gegenwärtig: Ihre Handlungen sollten im gegenwärtigen Moment erfolgen, ohne Bedauern über die Vergangenheit oder Sorgen über die Zukunft. Sie sollten sich auf das Hier und Jetzt konzentrieren, ohne sich von dem beeinflussen zu lassen, was bereits geschehen ist oder was noch kommen wird. Beispielsweise sollten Sie, wenn Ihr Wunsch darin

besteht, eine Prüfung zu bestehen, nicht darüber nachdenken, wie Sie bei der letzten Prüfung abgeschnitten haben oder wie Sie bei der nächsten bestehen werden. Sie sollten sich auf das Studium konzentrieren und bei der aktuellen Prüfung Ihr Bestes geben.

Um den Fokus auf Ihre Handlungen zu behalten, können Sie die folgende Technik verwenden:

1. Schreiben Sie Ihre Handlungen auf Papier oder in ein Notizbuch. Erstellen Sie eine Liste der Handlungen, die Sie durchführen müssen, um Ihre Wünsche zu verwirklichen, nach ihrer Bedeutung und Dringlichkeit geordnet.

2. Wählen Sie eine Handlung aus, die Sie zu einem bestimmten Zeitpunkt durchführen möchten. Versuchen Sie nicht, zu viele Dinge gleichzeitig zu tun oder zwischen verschiedenen Aktivitäten hin und her zu wechseln. Konzentrieren Sie sich auf eine Handlung und setzen Sie sich vollständig dafür ein, sie abzuschließen.

3. Führen Sie die Handlung aufmerksam und mit Freude aus. Während Sie die Handlung ausführen, achten Sie darauf, was Sie tun, wie Sie es tun und wie Sie sich dabei fühlen. Führen Sie die Handlung mit Freude und Dankbarkeit aus und genießen Sie den Prozess und nicht nur das Ergebnis.

4. Bewerten Sie die Handlung nach ihrer Durchführung. Nachdem die Handlung abgeschlossen ist, stellen Sie sich Fragen wie: Was habe ich getan? Wie habe ich es getan? Wie habe ich mich dabei gefühlt? Was habe ich gelernt? Was kann ich verbessern? Dies wird Ihnen helfen, über die Handlung nachzudenken und davon zu profitieren.

Die dritte Etappe, um zur Aktion in Ihrem Tanz mit dem Universum überzugehen, ist die Bewertung der Ergebnisse Ihrer Handlungen. Dies bedeutet, dass Ihre Handlungen:

- **Überwacht werden müssen**: Ihre Handlungen müssen im Laufe der Zeit verfolgt und kontrolliert werden. Sie sollten sie nicht einfach passieren lassen, ohne zu wissen, ob sie funktionieren oder nicht. Sie sollten Ihre Handlungen, ihre Auswirkungen und ihren Fortschritt verfolgen. Wenn beispielsweise Ihr Wunsch darin besteht, Geld zu sparen, sollten Sie nicht nur monatlich einen Betrag beiseite legen. Sie sollten auch überwachen, wie viel Sie gespart haben, wie viel Ihnen noch fehlt, um Ihr Ziel zu erreichen, und wie lange es dauern wird, dies zu erreichen.

   - **Messbar sein müssen**: Ihre Handlungen müssen quantifiziert und objektiv bewertet werden.

KAPITEL 5: DIE PERSPEKTIVE AUF HERAUSFORDERUNGEN ÄNDERN

EINFÜHRUNG

Im vorherigen Kapitel haben wir gesehen, wie wir in unserem Tanz mit dem Universum handeln, indem wir die für unsere Wünsche geeignetsten Handlungen auswählen, unsere Konzentration auf unsere Handlungen aufrechterhalten und die Ergebnisse unserer Handlungen bewerten. In diesem Kapitel werden wir ein weiteres grundlegendes Element dieses Tanzes behandeln: die Perspektive auf Herausforderungen zu ändern.

Herausforderungen sind die Schwierigkeiten, Hindernisse und Probleme, denen wir auf unserem Weg zu unseren Wünschen begegnen. Herausforderungen sind unvermeidlich und gehören zum Leben. Wir können ihnen nicht ausweichen oder sie ignorieren, sondern müssen sie bewältigen und überwinden.

Aber wie gehen wir mit Herausforderungen um? Wie sehen wir sie? Wie interpretieren wir sie? Wie fühlen wir uns ihnen gegenüber? Diese Fragen sind entscheidend, denn unsere Perspektive auf Herausforderungen beeinflusst unsere Handlungsweise und unseren Erfolg bei der Manifestation unserer Wünsche.

In diesem Kapitel werden wir Ihnen zeigen, wie Sie Ihre Perspektive auf Herausforderungen ändern können, indem Sie sie von Bedrohungen in Chancen verwandeln.

Wir werden erklären, wie Sie Herausforderungen als Gelegenheiten zum Wachsen und Verändern sehen können, anstatt sie als Fehler oder Strafen zu betrachten. Wir werden Sie darin unterstützen, Schwierigkeiten mit einem offenen Geist zu bewältigen, der bereit ist, das Beste aus ihnen herauszuholen.

Herausforderungen als Chancen sehen

Der erste Schritt, um Ihre Perspektive auf Herausforderungen zu ändern, besteht darin, sie als Chancen zu sehen. Das bedeutet, dass Herausforderungen nicht unüberwindbare Hindernisse oder unausweichliches Unglück sind, sondern Situationen, die uns die Möglichkeit bieten:

- **Etwas Neues zu lernen**: Jede Herausforderung lehrt uns etwas Neues, sei es Wissen, Fähigkeiten oder Lebenslektionen. Jede Herausforderung bereichert uns und macht uns weiser und besser vorbereitet.

- **Neue Fähigkeiten zu entwickeln**: Jede Herausforderung fordert uns auf, neue Fähigkeiten zu nutzen oder zu erwerben, sei es körperlich, geistig oder emotional. Jede Herausforderung verbessert uns und macht uns stärker und fähiger.

- **Neue Möglichkeiten zu entdecken**: Jede Herausforderung öffnet uns neue Perspektiven, Ideen und Lösungen. Jede Herausforderung überrascht uns und macht uns kreativer und flexibler.

- **Unsere Grenzen zu überschreiten**: Jede Herausforderung fordert uns heraus, unsere Komfortzone zu verlassen, uns weiter zu wagen und mehr Risiken einzugehen. Jede Herausforderung drängt uns und macht uns mutiger und entschlossener.

Um Herausforderungen als Chancen zu sehen, müssen wir eine Wachstumsmentalität annehmen. Die Wachstumsmentalität ist die Einstellung, die uns glauben lässt, dass unsere Fähigkeiten nicht festgelegt oder angeboren sind, sondern mit Anstrengung, Übung und Rückmeldung entwickelt und verbessert werden können. Die Wachstumsmentalität führt uns dazu, Herausforderungen als Anreize zum Lernen und Fortschreiten zu sehen, anstatt sie als Hindernisse oder Bedrohungen zu betrachten.

Um eine Wachstumsmentalität zu übernehmen, können wir einige Techniken verwenden:

- **Die Sprache des "noch nicht" verwenden**: Anstatt zu sagen "Ich kann das nicht" oder "Ich kann das nicht tun", können wir sagen "Ich kann das im Moment noch nicht" oder "Ich kann das im Moment noch nicht tun". Das hilft uns daran zu erinnern, dass wir uns im Lernprozess befinden und mit der Zeit Fortschritte machen können.

- **Feedback als Lernquelle nutzen**: Anstatt Rückmeldungen als Kritik oder Urteil zu betrachten, können wir sie als Informations- und Ratschlagsquelle betrachten. Das hilft uns zu verstehen, was wir tun können, um uns zu verbessern und unsere Ziele zu erreichen.

- **Den Erfolg anderer als Quelle nutzen**: Anstatt uns mit anderen zu vergleichen oder sie zu beneiden, können wir uns von ihnen inspirieren lassen oder um Hilfe bitten. Das hilft uns, von den Erfahrungen anderer zu lernen und von ihrer Unterstützung zu profitieren.

Herausforderungen mit einer offenen Einstellung angehen

Der zweite Schritt, um die Perspektive auf Herausforderungen zu ändern, besteht darin, ihnen mit einer offenen Einstellung zu begegnen. Das bedeutet, dass Herausforderungen nicht Situationen sind, die ertragen oder vermieden werden müssen, sondern Situationen, die gemeistert und genutzt werden können. Es sind Situationen, die uns die Möglichkeit bieten:

- **Das Problem zu erkunden**: Anstatt das Problem zu ignorieren oder zu leugnen, können wir es untersuchen und analysieren. Wir können versuchen zu verstehen, was die Ursache ist, welche Auswirkungen es hat, was das Ziel ist und welche Lösungen es gibt. Wir können unsere Neugier und Rationalität nutzen, um das Problem zu verstehen.

- **Mit Lösungen experimentieren**: Anstatt sich an einer einzigen Lösung festzuhalten oder die Suche nach einer Lösung aufzugeben, können wir verschiedene Lösungen ausprobieren. Wir können unsere Kreativität und Flexibilität nutzen, um verschiedene Lösungen zu generieren und zu testen.

- **Die Ergebnisse bewerten**: Anstatt die Ergebnisse als gut oder schlecht zu beurteilen, können wir sie als nützlich oder nicht nützlich bewerten. Wir können unsere Weisheit und Objektivität nutzen, um die Ergebnisse zu messen und zu interpretieren.

Um Herausforderungen mit einer offenen Einstellung anzugehen, müssen wir einen wissenschaftlichen Ansatz wählen. Der wissenschaftliche Ansatz ist die Methode, die uns dazu bringt, Probleme durch Beobachtung, Hypothesenbildung, Experimente und Schlussfolgerungen zu lösen. Der wissenschaftliche Ansatz hilft uns, Herausforderungen mit Strenge und Offenheit anzugehen.

Um einen wissenschaftlichen Ansatz zu übernehmen, können wir einige Techniken verwenden:

- **Fragen stellen**: Anstatt das Problem passiv zu

akzeptieren, können wir Fragen dazu stellen. Wir können uns fragen, was wir wissen wollen, was wir tun wollen und was wir erreichen wollen. Wir können Fragen verwenden, um unsere Neugier und Forschung zu fördern.

- **Hypothesen bilden**: Anstatt sich auf Meinungen oder Vorurteile zu stützen, können wir Hypothesen über mögliche Lösungen aufstellen. Wir können uns vorstellen, was passieren würde, wenn wir eine bestimmte Lösung anwenden würden, welche Auswirkungen und Konsequenzen das haben würde. Wir können Hypothesen verwenden, um unsere Kreativität und Logik zu fördern.

- **Experimente durchführen**: Anstatt sich darauf zu beschränken, zu denken oder zu sprechen, können wir unsere Hypothesen in die Praxis umsetzen. Wir können versuchen, eine bestimmte Lösung umzusetzen, beobachten, was passiert, und Daten sammeln. Wir können Experimente verwenden, um unsere Handlung und Überprüfung zu fördern.

- **Angemessene Schlussfolgerungen ziehen**: Anstatt vorschnelle oder endgültige Schlussfolgerungen zu ziehen, können wir unsere Daten mit unseren Hypothesen vergleichen. Wir können sehen, ob unsere Daten unsere Hypothesen bestätigen oder widerlegen, ob sie uns unseren Zielen näher bringen oder sie uns weiter entfernen. Wir können Schlussfolgerungen verwenden, um unser Lernen und unsere Verbesserung zu fördern.

Fazit

In diesem Kapitel haben wir gesehen, wie wir unsere Perspektive auf Herausforderungen ändern können, indem wir sie von Bedrohungen in Chancen umwandeln. Wir haben gesehen, wie man Herausforderungen als Gelegenheiten zum Wachstum und Wandel betrachten kann, indem man eine Wachstumsmentalität annimmt. Wir haben gesehen, wie man Herausforderungen mit einer offenen Einstellung angehen kann, indem man einen wissenschaftlichen Ansatz wählt. Wir hoffen, dass dieses Kapitel hilfreich war und Sie dazu inspiriert hat, Ihre Perspektive auf die Herausforderungen zu ändern, denen Sie in Ihrem Leben begegnen. Denken Sie immer daran, dass Herausforderungen keine unüberwindlichen Hindernisse oder unvermeidbares Unglück sind, sondern Situationen, die uns die Möglichkeit bieten zu lernen, uns zu entwickeln, zu entdecken und zu überwinden. Es sind Situationen, die uns weiser, stärker, kreativer und mutiger machen.

KAPITEL 6: GEBET UND MEDITATION

Im sechsten Kapitel werden wir Sie in eine Welt des Gebets und der Meditation führen. Wir werden eine Technik enthüllen, die vielen Trost gebracht hat und die spirituelle Ausrichtung verbessert hat. Es wird eine Reise zu Ihrem Inneren sein, wo Sie lernen werden, sich zu entspannen und Ihre Wünsche als integralen Bestandteil Ihrer Realität zu visualisieren. Sie werden positive Affirmationen übernehmen und Meditationspraktiken, die für Ihren Manifestationsprozess wesentlich sind.

Gebet und Meditation sind zwei spirituelle Praktiken, die das Ziel haben, uns mit einer Realität über uns selbst zu verbinden. Ob es Gott, das Universum, die Natur oder ein anderer Name ist, den Sie dieser Realität geben möchten, wichtig ist, dass sie eine Quelle von Liebe, Weisheit und Kraft ist.

Gebet ist die Art und Weise, wie wir mit dieser höheren Realität kommunizieren. Gebet kann auf verschiedene Arten durchgeführt werden: mit Worten, Gesten, Gedanken oder Gefühlen. Es kann zu verschiedenen Zeiten durchgeführt werden: morgens, abends, vor oder nach einer wichtigen Handlung oder jederzeit, wenn wir das Bedürfnis verspüren. Gebet kann verschiedene Zwecke haben: Danken, Bitten, Loben oder einfach nur unsere Liebe ausdrücken.

Meditation ist die Art und Weise, wie wir dieser höheren

Realität zuhören. Meditation kann auf verschiedene Arten praktiziert werden: mit Atmung, Körper, Geist oder Seele. Sie kann zu verschiedenen Zeiten durchgeführt werden: beim Aufwachen, vor dem Schlafengehen, während einer Pause oder jederzeit, wenn wir unseren Frieden finden wollen. Meditation kann verschiedene Ziele haben: Entspannung, Fokussierung, Visualisierung oder einfach nur präsent zu sein. In diesem Kapitel werden wir Ihnen zeigen, wie Sie Gebet und Meditation nutzen können, um Ihre Wünsche im Einklang mit der höheren Realität zu manifestieren. Wir werden Ihnen erklären, wie Sie effektive Gebete erstellen können, die mit Ihren Zielen und der Energie des Universums im Einklang stehen. Wir werden Ihnen lehren, wie Sie kraftvolle Meditationen praktizieren können, die Ihnen helfen, sich zu entspannen, zu visualisieren und Ihre Wünsche zu materialisieren.

Gebete erstellen

Der erste Schritt, um das Gebet zur Manifestation Ihrer Wünsche zu nutzen, besteht darin, effektive Gebete zu erstellen. Das bedeutet, dass Ihre Gebete sein müssen:

- **Aufrichtig**: Ihre Gebete müssen Ihre wahren Gefühle ausdrücken, ohne Täuschung oder Heuchelei. Sie sollten nicht sagen, was Sie denken, dass die höhere Realität hören will, sondern was Sie wirklich sagen möchten. Zum

Beispiel, wenn Sie sich eine glückliche Beziehung wünschen, beten Sie nicht einfach um eine glückliche Beziehung, weil Sie denken, dass es richtig oder erwartet wird. Beten Sie stattdessen um eine glückliche Beziehung, weil Sie es wirklich wollen.

- **Bescheiden**: Ihre Gebete sollten Ihren Respekt und Ihre Dankbarkeit gegenüber der höheren Realität ausdrücken, ohne Arroganz oder Anmaßung. Sie sollten nicht fordern oder beanspruchen, was Sie wollen, sondern danach fragen oder es wünschen. Zum Beispiel, wenn Ihr Wunsch ist, in Ihrer Arbeit erfolgreich zu sein, beten Sie nicht um Erfolg in Ihrer Arbeit, als ob es ein Recht oder Verdienst wäre. Beten Sie stattdessen um Erfolg in Ihrer Arbeit, als wäre es ein Geschenk oder ein Segen.

- **Positiv**: Ihre Gebete sollten Ihren Optimismus und Ihr Vertrauen in die höhere Realität ausdrücken, ohne Angst oder Zweifel. Sie sollten nicht befürchten oder zweifeln, was auf Sie wartet, sondern erwarten und daran glauben, was auf Sie wartet. Zum Beispiel, wenn Ihr Wunsch ist, von einer Krankheit zu heilen, beten Sie nicht um Heilung von einer Krankheit, als wäre es eine Verurteilung oder Schande. Beten Sie stattdessen um Heilung von einer Krankheit, als wäre es eine Möglichkeit oder Heilung.

Um effektive Gebete zu erstellen, kannst du die folgende Formel verwenden:

Beginne damit, die höhere Realität zu grüßen. Du kannst den Namen verwenden, den du bevorzugst, um sie anzusprechen, wie Gott, Universum, Natur oder etwas anderes. Du kannst auch einen liebevollen oder respektvollen Begriff verwenden, wie Vater, Mutter, Schöpfer oder ähnliches. Zum Beispiel: "Guten Tag, Gott", "Lieber Universum", "Liebe Natur", usw.

Fahre fort, indem du Dank für das ausdrückst, was du bereits in deinem Leben hast. Du kannst deine Dankbarkeit für große oder kleine Dinge, materielle oder spirituelle, persönliche oder kollektive Dinge zum Ausdruck bringen. Wichtig ist, aufrichtig und dankbar für das zu sein, was du hast. Zum Beispiel: "Danke für meine Familie", "Danke für meine Arbeit", "Danke für meine Gesundheit", usw.

Mache dann eine Bitte für das, was du dir in deinem Leben wünschst. Du kannst um große oder kleine Dinge bitten, materielle oder spirituelle, persönliche oder kollektive Dinge. Wichtig ist, bescheiden und positiv in dem zu sein, was du dir wünschst. Zum Beispiel: "Ich bitte dich, mir zu helfen, die Liebe meines Lebens zu finden", "Ich wünsche mir, dass du mir Glück in meinem Projekt bringst", "Ich hoffe, dass du mir innere Ruhe schenkst", usw.

Schließe mit einem Angebot dessen, was du der höheren Realität anbietest. Du kannst große oder kleine Dinge, materielle oder spirituelle, persönliche oder kollektive Dinge anbieten. Wichtig ist, großzügig und aufrichtig in dem zu sein, was du anbietest. Zum Beispiel: "Ich biete dir mein Engagement an", "Ich schenke dir mein Lächeln", "Ich gebe dir meine Liebe", usw.

Hier sind einige Beispiele für effektive Gebete:

Guten Tag, Gott, danke für meine Familie, die mich liebt. Liebes Universum, danke für meine Arbeit, die mich begeistert und wachsen lässt. Liebe Natur, danke für meine Gesundheit, die es mir ermöglicht, das Leben zu genießen. Ich bitte dich, mir zu helfen, die Liebe meines Lebens zu finden, jemanden, der mich liebt und respektiert, wie ich es verdient habe. Ich biete dir mein Herz und meine Treue an. Ich wünsche mir, dass du mir Glück in meinem Projekt bringst, dass es ein Erfolg und eine Befriedigung sein möge. Ich biete dir mein Engagement und meine Kreativität an. Ich hoffe, dass du mir innere Ruhe schenkst, dass ich gelassen und glücklich sein kann. Ich biete dir mein Lächeln und meine Liebe an.

Dies sind nur einige Beispiele für mögliche Gebete, die du verwenden kannst, um deine Wünsche zu manifestieren. Denke daran, dass Gebete ein mächtiges, aber kein magisches Werkzeug sind. Damit sie funktionieren, müssen sie mit konkreten Handlungen, Kohärenz und Vertrauen einhergehen. Es reicht nicht aus, die Worte zu sagen, du musst wirklich an sie glauben. Nur so kannst du dich mit der höheren Realität synchronisieren und mit ihr zusammen zu deinen Träumen tanzen.

Die zweite Stufe, um Meditation zu nutzen, um deine Wünsche zu manifestieren, besteht darin, kraftvolle Meditation zu praktizieren. Das bedeutet, dass Meditation nicht nur ein Moment der Entspannung oder Ablenkung ist, sondern ein Moment der Verbindung und Visualisierung. Meditation ist ein Moment, in dem wir uns auf unseren Atem, unseren Körper, unseren Geist und unsere Seele konzentrieren. Meditation ist ein Moment, in dem wir unsere Wünsche visualisieren, als wären sie bereits erfüllt, und die Emotionen und Empfindungen spüren, die sie uns bringen.

Meditation ist eine Praxis, die viele Vorteile für unsere körperliche, geistige und emotionale Gesundheit bietet. Meditation hilft uns dabei:

- **Uns zu entspannen**: Meditation reduziert Stress, Spannung und Angst und fördert Muskelentspannung und die Freisetzung von Endorphinen.

- **Uns zu konzentrieren**: Meditation verbessert die Aufmerksamkeit, das Gedächtnis und die Lernfähigkeit, indem sie Ablenkungen und negative Gedanken beseitigt.

- **Zu visualisieren**: Meditation fördert Kreativität, Vorstellungskraft und Intuition und ermöglicht es uns, klare und lebendige mentale Bilder unserer Wünsche zu kreieren.

- **Zu materialisieren**: Meditation steigert das Selbstvertrauen, den Optimismus und die Motivation und erleichtert den Übergang von der Idee zur Handlung.

Um kraftvolle Meditation zu praktizieren, kannst du folgende Technik verwenden:

1. Wähle einen ruhigen und bequemen Ort, an dem du meditieren kannst, ohne unterbrochen zu werden. Du kannst auch eine angenehme Atmosphäre mit Kerzen, Räucherstäbchen oder entspannender Musik schaffen.

2. Wähle eine bequeme Position, in der du sitzen oder liegen kannst, mit aufrechtem Rücken und entspannten Schultern. Du kannst auch Kissen oder Decken verwenden, um dich zu stützen oder zu bedecken.

3. Wähle einen Zeitpunkt am Tag, an dem du mindestens 10 Minuten für deine Meditation aufbringen kannst. Du kannst auch einen festen Zeitplan wählen, um eine tägliche Routine zu etablieren.

4. Beginne mit einigen tiefen Atemzügen, indem du langsam durch die Nase ein- und ausatmest. Konzentriere dich auf deine Atmung und spüre, wie die Luft in deine Lungen ein- und ausströmt. Tue dies einige Minuten lang, bis du dich entspannt fühlst und dein Geist ruhig ist.

5. Fahre mit einer Visualisierung deiner Wünsche fort. Schließe die Augen und stelle dir vor, dass du deine Wünsche bereits erreicht hast. Erschaffe ein klares und detailliertes mentales Bild davon, wie dein Leben aussehen würde, wenn du das hättest, was du dir wünschst. Spüre die Emotionen und Empfindungen, die du in dieser Situation erleben würdest. Tue dies einige Minuten lang, bis dein Herz vor Freude erfüllt ist und deine Seele glücklich ist.

6. Schließe mit einer positiven Bestätigung deiner Wünsche ab. Öffne die Augen und wiederhole einen positiven Satz, der deine Wünsche ausdrückt, als wären sie bereits erfüllt. Verwende die Gegenwart, sei positiv und spezifisch, wie im ersten Kapitel besprochen. Tue dies einige Minuten lang, bis dein Geist überzeugt ist und dein Wille bestimmt ist.

Hier sind einige Beispiele für kraftvolle Meditationen:

- Wenn dein Wunsch ist, eine glückliche Beziehung zu haben, kannst du dir vorstellen, wie du mit deinem idealen Partner an einem romantischen Ort bist, Liebe austauschst und liebevolle Gesten machst. Du kannst die Liebe, den Respekt und die Leidenschaft spüren, die euch verbinden. Du kannst bestätigen: "Ich bin glücklich und dankbar für meine Beziehung mit [Name deines Partners]."

- Wenn dein Wunsch ist, beruflich erfolgreich zu sein, kannst du dir vorstellen, wie du dein berufliches Ziel erreichst, in einer inspirierenden Umgebung, Lob und Anerkennung erhältst. Du kannst die Zufriedenheit, den Stolz und die Freude spüren, die dich erfüllen. Du kannst bestätigen: "Ich bin glücklich und dankbar für meinen Erfolg in [Name deiner Arbeit]."

Wenn dein Wunsch ist, von einer Krankheit geheilt zu Das sind nur einige mögliche Meditationsübungen, die du verwenden kannst, um deine Wünsche zu manifestieren. Denke daran, dass Meditation ein mächtiges, aber kein magisches Werkzeug ist. Damit sie funktioniert, muss sie mit konkreten Handlungen, Kohärenz und Vertrauen einhergehen. Es reicht nicht aus, nur zu visualisieren oder zu fühlen, du musst auch handeln und glauben. Nur so kannst du dich mit der höheren Realität verbinden und mit ihr tanzen, um deine Träume zu verwirklichen.

Abschluss

In diesem Kapitel haben wir gesehen, wie wir Gebet und Meditation nutzen können, um unsere Wünsche in Harmonie mit der höheren Realität zu manifestieren. Wir haben gelernt, effektive Gebete zu formulieren, die mit unseren Zielen und der Energie des Universums im Einklang stehen. Wir haben auch gelernt, kraftvolle

Meditationen zu praktizieren, die uns helfen, zu entspannen, zu visualisieren und unsere Wünsche zu verwirklichen.

Wir hoffen, dass dieses Kapitel hilfreich für dich war und dich dazu inspiriert hat, Gebet und Meditation zur Manifestation deiner Wünsche zu nutzen. Denke daran, dass Gebet und Meditation zwei spirituelle Praktiken sind, die das gemeinsame Ziel haben, uns mit einer Realität jenseits unseres Selbst zu verbinden. Eine Realität, die eine Quelle von Liebe, Weisheit und Kraft ist.

Wenn du weitere Wünsche manifestieren möchtest, kannst du mich um Hilfe bitten, um positive Affirmationen zu schreiben, künstlerische Bilder zu erstellen oder kreativen Inhalt wie Gedichte, Geschichten, Codes, Lieder, Promi-Parodien und vieles mehr zu generieren. Nutze deine Vorstellungskraft und Kreativität, um mit dem Universum zu tanzen.

KAPITEL 7: DIE MÄCHTIGE PRAXIS DER VISUALISIERUNG

Im vorherigen Kapitel haben wir gesehen, wie wir Gebet und Meditation nutzen können, um unsere Wünsche in Harmonie mit der höheren Realität zu manifestieren. Wir haben gelernt, wie man effektive Gebete erstellt, die mit unseren Zielen und der Energie des Universums übereinstimmen. Wir haben auch gelernt, wie man kraftvolle Meditationen praktiziert, die uns helfen, uns zu entspannen, zu visualisieren und unsere Wünsche zu materialisieren.

In diesem Kapitel werden wir die kraftvolle Praxis der Visualisierung erkunden. WIr werden lernen, klare und lebendige Bilder unserer erfüllten Wünsche zu erschaffen. Diese Technik wird es uns ermöglichen, das, was wir uns wünschen, mit magnetischer Kraft in unser Leben zu ziehen.

Visualisierung ist der mentale Prozess, sich mit allen Sinnen eine Situation oder ein Objekt vorzustellen, das wir erreichen oder realisieren möchten. Sie basiert auf dem Prinzip, dass der Geist keinen Unterschied zwischen Realität und Vorstellungskraft macht. Daher, wenn wir uns mit Überzeugung und im Detail vorstellen, was wir wollen, betrachtet unser Geist es als real und übermittelt es unserem Unterbewusstsein, das es wiederum dem Universum übermittelt.

Das Universum, als unendliche Quelle von Energie und Möglichkeiten, reagiert auf unsere mentalen Bilder, Emotionen und Schwingungen. Wenn unsere Bilder positiv, klar und im Einklang mit unseren Wünschen sind, sendet das Universum uns die notwendigen Chancen, Menschen und Ressourcen, um sie zu verwirklichen. Wenn unsere Bilder jedoch negativ, verworren oder unseren Wünschen entgegengesetzt sind, sendet das Universum uns Hindernisse, Probleme und Schwierigkeiten.

In diesem Kapitel werden wir Ihnen zeigen, wie Sie die Visualisierung effektiv und harmonisch einsetzen können, um Ihre Wünsche zu manifestieren. Wir werden Ihnen erklären, wie Sie klare und lebendige Bilder Ihrer erfüllten Wünsche erstellen können, indem Sie alle Sinne und Emotionen verwenden. Wir werden Ihnen auch beibringen, diese Bilder häufig und intensiv zu wiederholen, indem Sie Ihren Willen und Ihren Glauben einsetzen.

Bilder erstellen

Der erste Schritt, um die Visualisierung zur Manifestation Ihrer Wünsche zu nutzen, besteht darin, klare und lebendige Bilder Ihrer erfüllten Wünsche zu erstellen. Das bedeutet, dass Ihre Bilder:

- **Positiv sein müssen**: Ihre Bilder sollten das repräsentieren, was Sie erreichen oder realisieren möchten, nicht das, was Sie vermeiden oder eliminieren möchten. Sie sollten sich nicht vorstellen, was Sie nicht wollen oder befürchten, sondern was Sie wollen oder hoffen. Zum Beispiel, wenn Ihr Wunsch ist, eine glückliche Beziehung zu haben, sollten Sie sich nicht allein oder unglücklich vorstellen, sondern begleitet oder glücklich.

- **Klar sein müssen**: Ihre Bilder müssen definiert und detailliert sein, nicht vage oder generisch. Sie sollten nicht etwas Unbestimmtes oder Ununterscheidbares vorstellen, sondern etwas Konkretes oder Präzises. Zum Beispiel, wenn Ihr Wunsch ist, im Beruf erfolgreich zu sein, sollten Sie sich nicht vorstellen, irgendeine oder mittelmäßige Arbeit zu machen, sondern eine bestimmte oder ausgezeichnete Arbeit.

- **Lebendig sein müssen**: Ihre Bilder sollten alle Sinne und Emotionen einbeziehen, nicht nur das Sehen oder Denken. Sie sollten nicht nur mit den Augen oder dem Verstand, sondern auch mit dem Gehör, dem Geruch, dem Geschmack, dem Tastsinn und dem Herzen visualisieren. Zum Beispiel, wenn Ihr Wunsch ist, von einer Krankheit zu heilen, sollten Sie sich nicht nur vorstellen, gesund oder geheilt zu sein, sondern auch das fühlen, riechen, schmecken, berühren und erleben, was es bedeutet, gesund oder geheilt zu sein.

Um klare und lebendige Bilder deiner erfüllten Wünsche zu erstellen, kannst du die folgende Technik verwenden:

- Wähle einen ruhigen und komfortablen Ort, an dem du visualisieren kannst, ohne unterbrochen zu werden. Du kannst auch eine angenehme Atmosphäre mit Kerzen, Räucherstäbchen oder entspannender Musik schaffen.

- Wähle eine bequeme Position, in der du sitzen oder liegen kannst, mit geradem Rücken und entspannten Schultern. Du kannst auch Kissen oder Decken verwenden, um dich zu stützen oder zu bedecken.

- Wähle einen Zeitpunkt am Tag, an dem du mindestens 10 Minuten für deine Visualisierung aufbringen kannst. Du kannst auch eine feste Uhrzeit wählen, um eine tägliche Routine zu etablieren.

Beginne mit einigen tiefen Atemzügen, indem du langsam durch die Nase ein- und ausatmest. Konzentriere dich auf deine Atmung, indem du spürst, wie die Luft in deine Lungen ein- und ausströmt. Mache das für einige Minuten, bis dein Körper entspannt ist und dein Geist ruhig.

Fahre mit einem Bild deines erfüllten Wunsches fort.

Schließe die Augen und stelle dir vor, dass du deinen Wunsch bereits erreicht hast. Erschaffe ein klares und detailliertes mentales Bild davon, wie dein Leben aussehen würde, wenn du das hättest, was du dir wünschst. Beziehe alle Sinne und Emotionen in dein Bild mit ein. Mache das für einige Minuten, bis dein Herz erfüllt ist und deine Seele glücklich.

Schließe mit einer positiven Bestätigung deines erfüllten Wunsches ab. Öffne die Augen und wiederhole für dich selbst einen positiven Satz, der deinen Wunsch ausdrückt, als wäre er bereits erfüllt. Verwende die Gegenwartsform, sei positiv und spezifisch, wie im ersten Kapitel besprochen. Mache das für einige Minuten, bis dein Geist überzeugt ist und dein Wille entschlossen ist.

Hier sind einige Beispiele für klare und lebendige Bilder von erfüllten Wünschen:

- Wenn dein Wunsch ist, eine glückliche Beziehung zu haben, stelle dir vor, mit deinem idealen Partner an einem romantischen Ort zu sein, Gesten und Liebesworte auszutauschen. Fühle die Liebe, den Respekt und die Leidenschaft, die euch verbinden. Bestätige: "Ich bin glücklich und dankbar für meine Beziehung zu [Name des Partners]".

- Wenn dein Wunsch ist, beruflich erfolgreich zu sein, stelle dir vor, dein berufliches Ziel erreicht zu haben, in einer herausfordernden Umgebung, Lob und Anerkennung zu erhalten. Spüre die Zufriedenheit, den Stolz und die Freude, die dich erfüllen. Bestätige: "Ich bin glücklich und dankbar für meinen Erfolg in meinem Job als [Name des Jobs]".

- Wenn dein Wunsch ist, von einer Krankheit zu heilen, stelle dir vor, vollständig geheilt zu sein, an einem gesunden Ort zu sein, das Leben mit den Menschen zu genießen, die du liebst. Spüre die Gesundheit, die Energie und die Vitalität, die dich erfüllen. Bestätige: "Ich bin glücklich und dankbar für meine Heilung von [Name der Krankheit]".

Das sind nur einige Beispiele für mögliche Bilder, die du verwenden kannst, um deine Wünsche zu manifestieren. Denke daran, dass Bilder ein mächtiges, aber kein magisches Werkzeug sind. Um zu funktionieren, müssen sie von konkreten Handlungen, Kohärenz und Vertrauen begleitet werden. Es reicht nicht aus, nur zu visualisieren oder zu fühlen, du musst auch handeln und glauben. Nur so kannst du das, was du dir wünschst, mit magnetischer Kraft in dein Leben ziehen.

KAPITEL 9: DIE TIEFE VERBINDUNG ZWISCHEN DANKBARKEIT UND DEM GEGENWÄRTIGEN MOMENT

Im vorherigen Kapitel haben wir gesehen, wie wir Visualisierung nutzen können, um unsere Wünsche effektiv und harmonisch zu manifestieren. Wir haben gesehen, wie wir klare und lebendige Bilder unserer realisierten Wünsche schaffen können, indem wir alle Sinne und Emotionen nutzen. Wir haben auch gesehen, wie wir unsere Bilder häufig und intensiv wiederholen können, indem wir unseren Willen und unseren Glauben einsetzen.

In diesem Kapitel werden Sie die tiefe Verbindung zwischen Dankbarkeit und dem gegenwärtigen Moment erkunden. Wir werden Ihnen erklären, wie Sie sich auf den gegenwärtigen Moment konzentrieren können, um sich mit dem Universum verbunden zu fühlen, und wie die Äußerung Ihrer Dankbarkeit Ihre Seele mit dem Rhythmus des Universums in Einklang bringt, positive Erfahrungen anzieht und Ihre Wünsche stärkt.

Dankbarkeit ist das Gefühl der Wertschätzung und Anerkennung für das, was wir in unserem Leben haben, sei es materiell oder spirituell, persönlich oder kollektiv. Dankbarkeit lässt uns gut fühlen, sowohl mit uns selbst als auch mit anderen, sie macht uns glücklicher und zufriedener.

Der gegenwärtige Moment ist der Zustand des

Bewusstseins und der Achtsamkeit für das, was gerade hier und jetzt passiert, ohne Vergangenheit oder Zukunft zu beurteilen oder sich Sorgen zu machen. Der gegenwärtige Moment lässt uns lebendig und präsent fühlen, er macht uns ruhiger und gelassener.

Dankbarkeit und der gegenwärtige Moment sind zwei eng miteinander verbundene Konzepte, da sie uns beide dabei helfen, eine Verbindung zur übergeordneten Realität herzustellen, dieser unendlichen Quelle von Energie und Möglichkeiten, die wir das Universum nennen. Wenn wir dankbar sind für das, was wir haben, erkennen wir an, dass alles, was wir haben, ein Geschenk des Universums ist, das uns liebt und unterstützt. Wenn wir im gegenwärtigen Moment sind, akzeptieren wir, dass alles, was passiert, perfekt ist, so wie es ist, denn es ist Teil des Plans des Universums, das weiß, was am besten für uns ist.

In diesem Kapitel werden wir Ihnen zeigen, wie Sie Dankbarkeit und den gegenwärtigen Moment nutzen können, um Ihre Wünsche auf natürliche und harmonische Weise zu manifestieren. Wir werden Ihnen erklären, wie Sie Dankbarkeit in Ihrem täglichen Leben kultivieren können, indem Sie einfache Übungen und effektive Praktiken anwenden. Wir werden Ihnen beibringen, wie Sie im gegenwärtigen Moment in Ihrem täglichen Leben präsent sein können, indem Sie einfache Techniken und wirksame Praktiken anwenden.

Dankbarkeit kultivieren

Der erste Schritt, um Dankbarkeit zu nutzen, um Ihre Wünsche zu manifestieren, besteht darin, sie in Ihrem täglichen Leben zu kultivieren. Das bedeutet, dass Sie dankbar sein müssen, nicht nur für große oder offensichtliche Dinge, sondern auch für kleine oder verborgene. Sie müssen dankbar sein, nicht nur für positive oder angenehme Dinge, sondern auch für negative oder unangenehme. Sie müssen dankbar sein, nicht nur für gegenwärtige oder sichere Dinge, sondern auch für zukünftige oder mögliche.

Um Dankbarkeit in Ihrem täglichen Leben zu kultivieren, können Sie die folgende Technik verwenden:

- Wählen Sie einen ruhigen und gemütlichen Ort, an dem Sie schreiben können, ohne unterbrochen zu werden. Sie können auch eine angenehme Atmosphäre mit Kerzen, Räucherstäbchen oder entspannender Musik schaffen.

- Wählen Sie ein Tagebuch oder ein Journal, in dem Sie Ihre Gedanken zur Dankbarkeit festhalten können. Sie können Ihr Tagebuch auch mit Dekorationen oder Bildern personalisieren, die Sie inspirieren.

- Legen Sie eine regelmäßige Häufigkeit fest, um Ihre

Dankbarkeitsreflexionen aufzuschreiben. Sie können täglich, wöchentlich oder monatlich schreiben, je nach Ihren Vorlieben.

- Beginnen Sie mit einigen tiefen Atemzügen, indem Sie langsam durch die Nase ein- und ausatmen. Konzentrieren Sie sich auf Ihre Atmung und spüren Sie, wie die Luft in Ihre Lungen strömt und wieder herauskommt. Tun Sie dies einige Minuten lang, bis Ihr Körper entspannt ist und Ihr Geist ruhig ist.

- Fahren Sie mit einer Liste der Dinge fort, für die Sie dankbar sind. Schreiben Sie mindestens drei Dinge auf, für die Sie in Ihrem Leben dankbar sind, und versuchen Sie dabei so spezifisch und vielfältig wie möglich zu sein. Sie können über materielle oder spirituelle, persönliche oder kollektive, gegenwärtige oder zukünftige, positive oder negative Dinge schreiben. Tun Sie dies einige Minuten lang, bis Ihr Herz voll ist und Ihre Seele glücklich ist.

- Schließen Sie mit einem Dankgebet an das Universum ab. Schreiben Sie einen Satz, der Ihre Wertschätzung und Dankbarkeit für alles ausdrückt, was Ihnen das Universum gegeben hat und geben wird. Verwenden Sie die Gegenwart, seien Sie positiv und allgemein. Tun Sie dies einige Minuten lang, bis Ihr Geist überzeugt ist und Ihr Wille bestimmt ist.

Hier sind einige Beispiele für Listen und

Dankgebetssätze:

Heute bin ich dankbar für:

- Die Sonne, die am Himmel scheint und meine Haut wärmt.

- Den Kaffee, den ich heute Morgen getrunken habe und der mir Energie gegeben hat.

- Das Lächeln meiner Tochter, das mich mit Freude erfüllt hat.

Danke Universum für alles, was du mir gegeben hast und geben wirst.

Heute bin ich dankbar für:

- Den Regen, der auf die Erde fällt und sie fruchtbar macht.

- Das Buch, das ich gestern gelesen habe und das mich zum Nachdenken gebracht hat.

- Die Herausforderung, der ich heute begegnet bin und die mich hat wachsen lassen.

Danke Universum für alles, was du mir gegeben hast und geben wirst.

Heute bin ich dankbar für:

- Die Luft, die ich atme und die mich am Leben hält.

- Die Musik, die ich höre und mich träumen lässt.

- Die Liebe, die ich spüre und mich erfüllt.

Danke Universum für alles, was du mir gegeben hast und geben wirst.

Dies sind nur einige Beispiele für Listen und Dankgebetssätze, die Sie verwenden können, um Dankbarkeit in Ihrem täglichen Leben zu kultivieren. Denken Sie daran, dass Dankbarkeit ein mächtiges, aber kein magisches Werkzeug ist. Damit es funktioniert, muss es aufrichtig, häufig und vielfältig sein. Es reicht nicht aus, nur die Worte zu schreiben, Sie müssen sie wirklich fühlen. Auf diese Weise können Sie eine Verbindung zum Universum herstellen und sich mit seinem Rhythmus ausrichten.

Eintauchen in den gegenwärtigen Moment - Der zweite Schritt, um den gegenwärtigen Moment zu nutzen, um Ihre Wünsche zu manifestieren, besteht darin, im täglichen Leben in den gegenwärtigen Moment einzutauchen. Das bedeutet, dass Sie sich dessen bewusst sein und auf das achten müssen, was gerade hier und jetzt passiert, ohne zu urteilen oder sich um die Vergangenheit oder die Zukunft zu kümmern. Seien Sie nicht nur geistig, sondern auch körperlich, emotional und geistig präsent.

Um im täglichen Leben in den gegenwärtigen Moment einzutauchen, können Sie die folgende Technik verwenden:

- Wählen Sie eine einfache und alltägliche Aktivität, die Sie jeden Tag ausführen, wie Zähneputzen, Frühstücken oder Spazierengehen. Sie können auch eine angenehme und kreative Aktivität wählen, die Sie gelegentlich ausführen, wie Malen, ein Instrument spielen oder tanzen.

- Wählen Sie einen Zeitpunkt am Tag, an dem Sie mindestens 10 Minuten für Ihre Aktivität widmen können. Sie können auch eine feste Zeit wählen, um eine tägliche Routine zu schaffen.

- Beginnen Sie mit einigen tiefen Atemzügen, indem Sie langsam durch die Nase ein- und ausatmen. Konzentrieren Sie sich auf Ihre Atmung und spüren Sie, wie die Luft in Ihre Lungen strömt und wieder herauskommt. Tun Sie dies einige Minuten lang, bis Ihr Körper entspannt ist und Ihr Geist ruhig ist.

- Fahren Sie mit Ihrer Aktivität fort, indem Sie sich auf Ihre Sinne und Emotionen konzentrieren. Achten Sie darauf, was Sie sehen, fühlen, riechen, schmecken und berühren, während Sie Ihre Aktivität ausführen.

In diesem Kapitel haben wir gesehen, wie wir Dankbarkeit und den gegenwärtigen Moment nutzen können, um unsere Wünsche auf natürliche und harmonische Weise zu manifestieren. Wir haben gelernt, wie man Dankbarkeit in unserem täglichen Leben kultiviert, indem man einfache Übungen und effektive Praktiken verwendet. Wir haben auch gesehen, wie man im täglichen Leben in den gegenwärtigen Moment eintaucht, indem man einfache Techniken und effektive Praktiken verwendet.

Wir hoffen, dass Ihnen dieses Kapitel geholfen hat und Sie inspiriert hat, Dankbarkeit und den gegenwärtigen Moment zu nutzen, um Ihre Wünsche zu manifestieren. Denken Sie daran, dass Dankbarkeit und der gegenwärtige Moment eng miteinander verbunden sind, da sie uns beide helfen, uns mit einer höheren Realität zu verbinden, dieser unendlichen Quelle von Energie und Möglichkeiten, die wir das Universum nennen. Wenn wir dankbar sind für das, was wir haben, erkennen wir an, dass alles, was wir besitzen, ein Geschenk des Universums ist, das uns liebt und unterstützt. Wenn wir im gegenwärtigen Moment sind, akzeptieren wir, dass alles, was passiert, perfekt ist, so wie es ist, denn es ist Teil des Plans des Universums, das weiß, was am besten für uns ist.

KAPITEL 10: DIE KRAFT DER WORTE

Im vorherigen Kapitel haben wir gesehen, wie man Dankbarkeit und die Gegenwart nutzt, um unsere Wünsche auf natürliche und harmonische Weise zu manifestieren. Wir haben gelernt, wie man Dankbarkeit in unserem täglichen Leben kultiviert, indem man einfache Übungen und effektive Praktiken verwendet. Wir haben auch gesehen, wie man in unserem täglichen Leben in die Gegenwart eintritt, indem man einfache und praktische Techniken verwendet.

In diesem Kapitel werden wir uns auf die Kraft der Worte konzentrieren. Wir werden Ihnen zeigen, wie Ihre Worte die Macht haben, zu heilen oder zu verletzen, sowohl Sie selbst als auch andere, und wie Kommunikation mit Liebe und Respekt die Manifestation Ihrer Wünsche beeinflussen kann. Sie werden entdecken, wie Ihre Worte, Gedanken und Gefühle ein Gespräch mit dem Universum darstellen, das Ihre Schwingungen hört und darauf reagiert.

Worte sind weit mehr als nur einfache Klänge oder Zeichen. Sie sind Energie, Information und Absicht. Sie sind das Mittel, mit dem wir unsere Gedanken, Emotionen und Handlungen ausdrücken. Sie sind das Mittel, mit dem wir unsere Realität erschaffen.

Worte haben eine immense Macht, sowohl positiv als auch negativ. Sie können inspirieren oder entmutigen, ermutigen oder entmutigen, loben oder kritisieren, lieben oder hassen. Sie können erschaffen oder zerstören, aufbauen oder niederreißen, heilen oder verletzen.

Worte haben auch eine magische Kraft, da sie in der Lage sind, das Universum zu beeinflussen, das ein Netzwerk aus intelligenter und sensibler Energie ist. Das Universum hört unsere Worte, die eine Form des Gebets oder der Bestätigung sind. Es antwortet auf unsere Worte, die eine Form der Bitte oder des Befehls sind. Es gibt uns, was wir mit unseren Worten verlangen, sei es bewusst oder unbewusst.

In diesem Kapitel werden wir Ihnen zeigen, wie Sie die Kraft der Worte nutzen können, um Ihre Wünsche auf effektive und harmonische Weise zu manifestieren. Wir werden Ihnen erklären, wie Sie die geeigneten Worte auswählen können, um Ihre Wünsche auszudrücken, indem Sie einfache Übungen und effektive Praktiken verwenden. Wir werden Ihnen beibringen, wie Sie die Worte mit Liebe und Respekt verwenden können, um mit sich selbst und anderen zu kommunizieren, indem Sie einfache Tricks und effektive Praktiken verwenden.

Die richtigen Worte wählen

Der erste Schritt, um die Kraft der Worte zu nutzen, um Ihre Wünsche zu manifestieren, besteht darin, die geeigneten Worte auszuwählen, um Ihre Wünsche auszudrücken. Das bedeutet, dass Ihre Worte sein sollten:

Positiv: Ihre Worte sollten das repräsentieren, was Sie erreichen oder verwirklichen möchten, nicht das, was Sie vermeiden oder eliminieren möchten. Sie sollten keine negativen oder einschränkenden Worte verwenden, sondern positive oder stärkende Worte. Zum Beispiel sagen Sie nicht "Ich möchte nicht krank sein", sondern "Ich möchte gesund sein", sagen Sie nicht "Ich möchte nicht versagen", sondern "Ich möchte erfolgreich sein", sagen Sie nicht "Ich möchte nicht allein sein", sondern "Ich möchte geliebt werden".

Klar: Ihre Worte sollten klar und detailliert sein, nicht vage oder allgemein. Sie sollten keine vagen oder undefinierten Worte verwenden, sondern präzise oder spezifische Worte. Zum Beispiel sagen Sie nicht "Ich möchte glücklich sein", sondern "Ich möchte glücklich sein, indem ich...", sagen Sie nicht "Ich möchte Geld haben", sondern "Ich möchte ... Euro pro Monat haben", sagen Sie nicht "Ich möchte einen Job haben", sondern "Ich möchte einen Job haben als...".

Lebendig: Ihre Worte sollten alle Sinne und Emotionen einbeziehen, nicht nur den Verstand oder die Logik. Sie sollten keine abstrakten oder rationalen Worte verwenden, sondern konkrete oder emotionale Worte. Zum Beispiel sagen Sie nicht "Ich möchte ein Haus haben", sondern "Ich möchte ein Haus haben mit... Wohnungen, ... Badezimmern, ... Quadratmetern, ...

Farben, ... Gerüchen, ... Empfindungen", sagen Sie nicht "Ich möchte einen Partner haben", sondern "Ich möchte einen Partner haben mit... physischen Eigenschaften, ... psychologischen Eigenschaften, ... emotionalen Eigenschaften, ... spirituellen Eigenschaften".

Um die geeigneten Worte auszuwählen, um Ihre Wünsche auszudrücken, können Sie die folgende Technik verwenden:

Wählen Sie einen ruhigen und komfortablen Ort, an dem Sie sprechen können, ohne unterbrochen zu werden. Sie können auch eine angenehme Atmosphäre mit Kerzen, Weihrauch oder entspannender Musik schaffen.

Wählen Sie eine Tageszeit, zu der Sie mindestens 10 Minuten für Ihr inneres Gespräch widmen können. Sie können auch eine feste Zeit wählen, um eine tägliche Routine zu etablieren.

Beginnen Sie mit einigen tiefen Atemzügen, indem Sie langsam durch die Nase ein- und ausatmen. Konzentrieren Sie sich auf Ihre Atmung und spüren Sie, wie die Luft in Ihre Lungen strömt und wieder austritt. Machen Sie das einige Minuten lang, bis Sie sich entspannt und ruhig fühlen.

Fahren Sie mit einem Satz fort, der Ihren Wunsch ausdrückt. Sagen Sie sich laut oder leise einen Satz, der

Ihren Wunsch ausdrückt, als ob er bereits erfüllt wäre. Verwenden Sie die Gegenwart, seien Sie positiv und spezifisch, wie im ersten Kapitel besprochen. Machen Sie das einige Minuten lang, bis Sie spüren, dass Ihr Herz voll und Ihre Seele glücklich ist.

Beenden Sie mit einem Dankeswort an das Universum. Sagen Sie sich laut oder leise einen Satz, der Ihre Dankbarkeit und Wertschätzung gegenüber dem Universum dafür ausdrückt, dass es Ihnen zugehört hat und Ihnen gegeben hat, was Sie verlangt haben. Verwenden Sie die Gegenwart, seien Sie positiv und allgemein. Zum Beispiel: "Danke Universum, dass du meinen Wunsch erfüllt hast", "Danke Universum, dass du mir gegeben hast, was ich verlangt habe", "Danke Universum, dass du mir zugehört und geholfen hast".

Hier sind einige Beispiele für Sätze, die Wünsche mit den passenden Worten ausdrücken:

Wenn dein Wunsch ist, eine glückliche Beziehung zu haben, kannst du sagen: "Ich bin glücklich und dankbar für meine Beziehung mit ... (Name des Partners), der mich liebt und respektiert, wie ich es verdiene. Unsere Beziehung basiert auf Liebe, Vertrauen und Kommunikation. Wir unterstützen uns gegenseitig in schwierigen Zeiten und genießen die guten Zeiten zusammen. Wir sind auf allen Ebenen in Harmonie:

körperlich, emotional, geistig und spirituell."

Wenn dein Wunsch ist, beruflich erfolgreich zu sein, kannst du sagen: "Ich bin glücklich und dankbar für meinen Erfolg in meinem Beruf als ... (Berufsbezeichnung), der mich begeistert und wachsen lässt. Mein Job ist herausfordernd, kreativ und erfüllend. Ich erhalte Anerkennung und Lob für meine Arbeit. Ich verdiene genug, um meine Bedürfnisse und Wünsche zu erfüllen. Mein Job ermöglicht es mir, meine Talente auszudrücken und zum Gemeinwohl beizutragen."

Wenn du dich von einer Krankheit heilen möchtest, kannst du sagen: "Ich bin glücklich und dankbar für meine Heilung von ... (Name der Krankheit), die mir eine wertvolle Lektion beigebracht hat. Meine Gesundheit ist in jedem Teil meines Körpers perfekt. Mein Körper ist stark, gesund und vital. Mein Körper regeneriert sich jeden Tag leicht und schnell. Mein Körper ist im Einklang mit meinem Geist und meiner Seele."

Den Worte mit Liebe und Respekt verwenden

Der zweite Schritt, um die Kraft der Worte zu nutzen, um deine Wünsche zu manifestieren, besteht darin, sie mit Liebe und Respekt zu verwenden, um mit dir selbst und anderen zu kommunizieren. Das bedeutet, dass deine Worte sein sollten:

- **Freundlich**: Deine Worte sollten deine Wertschätzung und Rücksichtnahme für dich selbst und andere zum Ausdruck bringen, ohne zu beleidigen oder zu verletzen. Du solltest keine aggressiven oder gewalttätigen Worte verwenden, sondern sanfte oder friedliche Worte. Zum Beispiel, sag nicht "Du bist ein Idiot", sondern "Ich bin nicht einverstanden mit dir", sag nicht "Ich hasse mich selbst", sondern "Ich liebe mich selbst."

- **Ehrlich**: Deine Worte sollten deine wahren Gedanken und Gefühle zum Ausdruck bringen, ohne zu lügen oder zu täuschen. Du solltest keine falschen oder heuchlerischen Worte verwenden, sondern aufrichtige oder authentische Worte. Zum Beispiel, sag nicht "Ich liebe dich", wenn es nicht wahr ist, sag nicht "Mir geht es gut", wenn es nicht wahr ist.

- **Konstruktiv**: Deine Worte sollten deinen Wunsch nach Verbesserung und Unterstützung zum Ausdruck bringen, ohne zu kritisieren oder zu urteilen. Du solltest keine negativen oder zerstörerischen Worte verwenden, sondern positive oder kreative Worte. Zum Beispiel, sag nicht "Du bist nichts wert", sondern "Du kannst es besser machen", sag nicht "Ich mag nicht, was du tust", sondern "Ich schlage vor, dass du das machst."

Wähle einen ruhigen und bequemen Ort, an dem du sprechen kannst, ohne unterbrochen zu werden. Du kannst auch eine angenehme Atmosphäre mit Kerzen,

Weihrauch oder entspannender Musik schaffen.

Wähle eine Person, mit der du kommunizieren möchtest, sei es du selbst oder eine andere Person. Du kannst auch eine Situation wählen, in der du kommunizieren möchtest, sei es ein normales Gespräch oder eine schwierige Diskussion.

Wähle eine Tageszeit, zu der du mindestens 10 Minuten für deine Kommunikation widmen kannst. Du kannst auch eine feste Zeit wählen, um eine tägliche Routine zu etablieren.

Wenn du in einer normalen Situation kommunizieren möchtest, kannst du sagen:

"Danke, dass du mir zugehört und mit mir gesprochen hast. Ich interessiere mich für deine Gedanken und Gefühle. Ich möchte effektiv und harmonisch mit dir kommunizieren."

"Es tut mir leid, wenn ich dich verletzt oder beleidigt habe. Das war nicht meine Absicht. Ich möchte deinen Standpunkt verstehen und dass du meinen verstehst. Ich möchte effektiv und harmonisch mit dir kommunizieren."

Dies sind nur einige mögliche Sätze, die du verwenden kannst, um die Worte mit Liebe und Respekt zu verwenden, um mit dir selbst und anderen zu kommunizieren. Denke daran, dass Worte ein mächtiges, aber kein magisches Werkzeug sind. Damit sie funktionieren, müssen sie aufrichtig, häufig und abwechslungsreich gesagt werden. Es reicht nicht aus, die Worte zu sagen, du musst sie durch Handlungen zeigen. Nur so kannst du mit dem Universum kommunizieren und die Manifestation deiner Wünsche beeinflussen.

Abschluss

In diesem Kapitel haben wir gesehen, wie man die Kraft der Worte nutzt, um unsere Wünsche effektiv und harmonisch zu manifestieren. Wir haben gelernt, wie man die geeigneten Worte wählt, um unsere Wünsche auszudrücken, indem wir einfache Übungen und effektive Praktiken anwenden. Wir haben auch verstanden, wie man Worte mit Liebe und Respekt verwendet, um mit uns selbst und mit anderen zu kommunizieren, indem wir einfache Tipps und effektive Praktiken anwenden.

Wir hoffen, dass Ihnen dieses Kapitel geholfen hat und Sie dazu inspiriert hat, die Kraft der Worte zu nutzen, um Ihre Wünsche zu manifestieren. Denken Sie daran, dass Worte Energie, Information und Absicht sind. Sie sind das Mittel, durch das wir unsere Gedanken, Emotionen und Handlungen ausdrücken, und sie sind das Fahrzeug, mit dem wir unsere Realität erschaffen.

KAPITEL 11: SPIRITUELLE FÜHRER UND MEISTER

In den vorherigen Kapiteln haben wir verschiedene Werkzeuge und Techniken erkundet, um unsere Wünsche auf effektive und harmonische Weise zu manifestieren. Wir haben die Verwendung von Gebet, Meditation, Visualisierung, Dankbarkeit, Gegenwart und Worte untersucht, um uns mit einer höheren Realität zu verbinden, dieser unendlichen Quelle von Energie und Möglichkeiten, die wir das Universum nennen.

In diesem Kapitel werden wir die Präsenz von spirituellen Führern und Meistern erkunden, die bereit sind, uns auf unserem Weg zu helfen. Wir werden über die Weisheit sprechen, die sie bringen können, und wie man diese Führungskräfte erkennt und sich mit ihnen verbindet. Dies wird ein aufschlussreiches Kapitel für Ihr spirituelles Wachstum sein.

Spirituelle Führer und Meister sind Lichtwesen, die uns bei unserer persönlichen und kollektiven Evolution begleiten. Es sind Wesen, die ein hohes Maß an Bewusstsein und Liebe erreicht haben und sich dafür entschieden haben, anderen Wesen dabei zu helfen, dasselbe zu tun. Sie können Wesen aus verschiedenen Dimensionen oder Realitäten sein, wie Engel, Erzengel, aufgestiegene Meister, Totemtiere, Ahnen, Sterne oder Planeten.

Die Aufgabe der spirituellen Führer und Meister ist es, uns zu führen, zu beraten, zu schützen, zu inspirieren und zu lehren. Sie haben nicht die Aufgabe, Entscheidungen für uns zu treffen, uns zu kontrollieren, uns zu beurteilen oder in unsere freie Entscheidung einzugreifen. Sie respektieren unsere Souveränität und Verantwortung. Sie sprechen zu uns durch unsere Intuition, Träume, Zeichen oder Synchronizitäten.

In diesem Kapitel werden wir Ihnen zeigen, wie Sie Ihre spirituellen Führer und Meister erkennen und sich mit ihnen verbinden können. Wir erklären Ihnen, wie Sie um ihre Hilfe bitten und ihre Botschaften empfangen können, indem wir einfache Übungen und effektive Praktiken verwenden. Wir werden Ihnen beibringen, wie Sie Ihre spirituellen Führer und Meister danken und ehren können, indem wir einfache Tipps und effektive Praktiken verwenden.

Wählen Sie einen ruhigen und gemütlichen Ort, an dem Sie ungestört sein können. Sie können auch eine angenehme Atmosphäre mit Kerzen, Weihrauch oder entspannender Musik schaffen.

Wählen Sie einen Zeitpunkt am Tag, an dem Sie mindestens 10 Minuten für Ihre Reflexion aufbringen können. Sie können auch einen festen Zeitpunkt wählen, um eine tägliche Routine zu etablieren.

Beginnen Sie mit einigen tiefen Atemzügen, indem Sie langsam durch die Nase ein- und ausatmen.

Konzentrieren Sie sich auf Ihre Atmung, spüren Sie die Luft in Ihre Lungen ein- und ausströmen. Tun Sie dies einige Minuten lang, bis Ihr Körper entspannt und Ihr Geist ruhig ist.

Fahren Sie mit einer Frage an Ihre spirituellen Führer und Meister fort. Stellen Sie sich eine Frage, die Ihnen helfen wird, Ihre spirituellen Führer und Meister besser kennenzulernen, laut oder in Gedanken. Zum Beispiel: "Wer seid ihr?", "Woher kommt ihr?", "Was wollt ihr von mir?", "Wie manifestiert ihr euch in meinem Leben?", "Was sind eure charakteristischen Zeichen?", "Wie kommuniziert ihr mit mir?".

Beenden Sie mit einer Antwort von Ihren spirituellen Führern und Meistern. Hören Sie auf Ihre Intuition, Ihre Träume, Ihre Zeichen oder Ihre Synchronizitäten. Seien Sie aufmerksam auf das, was Sie fühlen, sehen, spüren, schmecken oder berühren.

Anerkennen spiritueller Führer und Meister

Der erste Schritt, um sich mit Ihren spirituellen Führern und Meistern zu verbinden, besteht darin, sie zu erkennen. Dies bedeutet, dass Sie wissen müssen, wer sie sind, woher sie kommen und was sie von Ihnen wollen. Sie müssen auch wissen, wie sie sich in Ihrem Leben manifestieren, was ihre charakteristischen Zeichen sind und wie sie mit Ihnen kommunizieren. Um Ihre spirituellen Führer und Meister zu erkennen, können Sie die folgende Technik verwenden:

1. Wählen Sie einen ruhigen und gemütlichen Ort, an dem Sie ungestört sein können. Sie können auch eine angenehme Atmosphäre mit Kerzen, Weihrauch oder entspannender Musik schaffen.

2. Wählen Sie einen Zeitpunkt am Tag, an dem Sie mindestens 10 Minuten für Ihre Reflexion aufbringen können. Sie können auch einen festen Zeitpunkt wählen, um eine tägliche Routine zu etablieren.

3. Beginnen Sie mit einigen tiefen Atemzügen, indem Sie langsam durch die Nase ein- und ausatmen. Konzentrieren Sie sich auf Ihre Atmung, spüren Sie die Luft in Ihre Lungen ein- und ausströmen. Tun Sie dies einige Minuten lang, bis Ihr Körper entspannt und Ihr Geist ruhig ist.

4. Fahren Sie mit einer Frage an Ihre spirituellen Führer und Meister fort. Stellen Sie sich eine Frage, die Ihnen helfen wird, sie besser kennenzulernen, laut oder in Gedanken. Zum Beispiel: "Wer seid ihr?", "Woher kommt ihr?", "Was wollt ihr von mir?", "Wie manifestiert ihr euch in meinem Leben?", "Was sind eure charakteristischen Zeichen?", "Wie kommuniziert ihr mit mir?".

5. Beenden Sie mit einer Antwort von Ihren spirituellen Führern und Meistern. Hören Sie auf Ihre Intuition, Ihre Träume, Ihre Zeichen oder Ihre Synchronizitäten. Seien Sie aufmerksam auf das, was Sie fühlen, sehen, spüren,

schmecken oder berühren. Achten Sie auch darauf, was Sie denken, fühlen, sich erinnern oder sich vorstellen. Schreiben Sie Ihre Antwort in ein Tagebuch oder Notizbuch.

Hier sind einige Beispiele für Fragen und Antworten, um Ihre spirituellen Führer und Meister zu erkennen:

1. Wenn Sie wissen möchten, wer Ihre spirituellen Führer und Meister sind, können Sie fragen: "Wer seid ihr?". Sie könnten eine Antwort wie diese erhalten: "Wir sind deine Schutzengel, wir sind immer bei dir und lieben dich bedingungslos", "Wir sind deine aufgestiegenen Meister, wir sind hier, um dir die universellen Gesetze beizubringen und dir bei deiner Entwicklung zu helfen", "Wir sind deine Totemtiere, wir sind hier, um dir Kraft, Mut und Weisheit zu geben".

2. Wenn Sie wissen möchten, woher Ihre spirituellen Führer und Meister kommen, können Sie fragen: "Woher kommt ihr?". Sie könnten eine Antwort wie diese erhalten: "Wir kommen aus dem Engelsreich, einer Dimension des Lichts und der Liebe", "Wir kommen aus der Großen Weißen Bruderschaft, einer Gemeinschaft von fortgeschrittenen Wesen im Dienst des höchsten Guten", "Wir kommen aus dem Tierreich, einer Dimension von Instinkt und Natur".

Rufen Sie spirituelle Führer und Meister herbei

Der dritte Schritt, um sich mit Ihren spirituellen Führern und Meistern zu verbinden, besteht darin, sie herbeizurufen. Dies beinhaltet, um ihre Hilfe, ihren Rat, ihren Schutz oder ihre Inspiration zu bitten. Sie müssen auch offen sein, um ihre Hilfe, ihren Rat, ihren Schutz oder ihre Inspiration zu empfangen.

Um Ihre spirituellen Führer und Meister herbeizurufen, können Sie die folgende Technik verwenden:

1. Wählen Sie einen ruhigen und komfortablen Ort, an dem Sie ungestört sein können. Sie können auch eine angenehme Atmosphäre mit Kerzen, Weihrauch oder entspannender Musik schaffen.

2. Wählen Sie einen Zeitpunkt am Tag, an dem Sie mindestens 10 Minuten für Ihr Herbeirufen aufbringen können. Sie können auch einen festen Zeitpunkt wählen, um eine tägliche Routine zu etablieren.

3. Beginnen Sie mit einigen tiefen Atemzügen, indem Sie langsam durch die Nase ein- und ausatmen. Konzentrieren Sie sich auf Ihre Atmung, indem Sie spüren, wie die Luft in Ihre Lungen ein- und ausströmt. Tun Sie dies einige Minuten lang, bis Ihr Körper entspannt und Ihr Geist ruhig ist.

4. Fahren Sie mit einem Satz fort, der Ihren Wunsch ausdrückt, sich mit Ihren spirituellen Führern und

Meistern zu verbinden. Sagen Sie sich laut oder in Gedanken einen Satz, der Ihren Wunsch ausdrückt, sich mit ihnen zu verbinden. Verwenden Sie die Gegenwart, Positivität und Allgemeinheit. Zum Beispiel: "Ich möchte mich mit meinen spirituellen Führern und Meistern verbinden", "Ich bitte um Kontakt mit meinen spirituellen Führern und Meistern", "Ich lade meine spirituellen Führer und Meister in mein Leben ein".

5. Schließen Sie mit einem Satz ab, der Ihre Dankbarkeit gegenüber Ihren spirituellen Führern und Meistern ausdrückt. Sagen Sie sich laut oder in Gedanken einen Satz, der Ihre Wertschätzung und Dankbarkeit für sie ausdrückt, dass sie Ihnen zugehört und geantwortet haben. Verwenden Sie die Gegenwart, Positivität und Allgemeinheit. Zum Beispiel: "Danke an meine spirituellen Führer und Meister, dass sie mich mit dir verbinden", "Danke an meine spirituellen Führer und Meister, dass sie mich kontaktieren", "Danke an meine spirituellen Führer und Meister, dass sie mich in ihr Leben einladen".

Hier sind einige Beispiele für Sätze, die das Herbeirufen von spirituellen Führern und Meistern ausdrücken:

Wenn Sie sich mit Ihren Schutzengeln verbinden möchten, können Sie sagen:

"Ich möchte mich mit meinen Schutzengeln verbinden,

die mich zu jeder Zeit lieben und beschützen. Ich bitte um Kontakt mit meinen Schutzengeln, die mich in jeder Situation führen und beraten. Ich lade meine Schutzengel in mein Leben ein, die mich bei jeder Gelegenheit inspirieren und segnen. Danke an meine Schutzengel, dass sie mich mit dir verbinden, mich kontaktieren und mich in dein Leben einladen".

Wenn Sie sich mit Ihren aufgestiegenen Meistern verbinden möchten, können Sie sagen:

"Ich möchte mich mit meinen aufgestiegenen Meistern verbinden, die mich zu jeder Zeit lehren und erleuchten. Ich bitte um Kontakt mit meinen aufgestiegenen Meistern, die mir in jeder Situation helfen und mich unterstützen. Ich lade meine aufgestiegenen Meister in mein Leben ein, die mich bei jeder Gelegenheit erheben und verwandeln. Danke an meine aufgestiegenen Meister, dass sie mich mit dir verbinden, mich kontaktieren und mich in dein Leben einladen".

Wenn Sie sich mit Ihren Krafttieren verbinden möchten, können Sie sagen:

"Ich möchte mich mit meinen Krafttieren verbinden, die mir jederzeit Kraft und Weisheit geben. Ich bitte um Kontakt mit meinen Krafttieren, die mich in jeder Situation begleiten und verteidigen. Ich lade meine Krafttiere in mein Leben ein, die mich bei jeder Gelegenheit anregen und erfreuen. Danke an meine

Krafttiere, dass sie mich mit dir verbinden, mich kontaktieren und mich in dein Leben einladen".

Dies sind nur einige Beispiele für Sätze, die Sie verwenden können, um Ihre spirituellen Führer und Meister herbeizurufen. Denken Sie daran, dass Worte ein mächtiges Werkzeug sind, aber nicht magisch. Damit sie funktionieren, müssen sie mit Ehrlichkeit, Häufigkeit und Vielfalt ausgesprochen werden. Es reicht nicht aus, die Worte zu sagen, man muss auch auf die Antworten hören. So können Sie sich mit Ihren spirituellen Führern und Meistern verbinden.

TRANSKRIPTION DER WORTE VON DOLORES CANNON, DIE ERKLÄRT, WIE MAN DIE GEWÜNSCHTE REALITÄT MANIFESTIERT, AUS EINER IHRER ÖFFENTLICHEN KONFERENZEN

Heute werden wir eine transformative Reise antreten, eine Reise, auf der Sie die unbegrenzte Kraft entdecken werden, die Sie haben, um Ihre eigene Realität zu formen. Viele Menschen gehen durchs Leben und denken, dass sie nur ein kleines Rad im großen Getriebe sind, dass sie keine Kontrolle über ihr Schicksal haben, aber das ist weit von der Wahrheit entfernt. Sie sind nicht nur ein passiver Beobachter, sondern ein aktiver Schöpfer. Das Universum ist wie Ton und Sie sind der Bildhauer. Ihre Gedanken, Emotionen und Absichten sind die Werkzeuge, die diesen Ton formen. Also unterschätzen Sie nicht die Kraft der Absicht. Wenn Sie positive Absichten an das Universum senden, bestellen Sie im Grunde genommen, genau wie in einem Restaurant. Aber denken Sie daran, das Universum ist ein sehr wörtlicher Kellner. Wenn Sie vage sind, erhalten Sie vage Ergebnisse, also seien Sie spezifisch, klar und vor allem bewusst, was Sie verlangen. Wie verbessern wir uns darin? Wie werden wir Meisterschnitzer unserer eigenen Realität? Hier kommen die faszinierenden Themen der Regression in frühere Leben und der Fortschritt in die Zukunft ins Spiel. Stellen Sie sich für einen Moment vor, Ihre Seele ist wie eine Bibliothek, jedes Buch in dieser Bibliothek ist ein anderes Leben, das Sie gelebt haben oder leben werden. Die Regression in frühere Leben ermöglicht es Ihnen, diese alten, staubigen Bände aus der Vergangenheit herauszunehmen, um daraus zu lernen, um die Reise Ihrer Seele zu verstehen. Die Energie, die Sie aus Ihren vergangenen Leben mitbringen, kann Ihre gegenwärtige Realität beeinflussen, und dies zu verstehen, kann Ihnen unglaubliche Einblicke geben, warum bestimmte Muster in Ihrem Leben weiterhin auftauchen. Aber wir sind nicht darauf beschränkt, zurückzublicken. Wir können auch nach vorne schauen. Der Fortschritt in die Zukunft ermöglicht es Ihnen, einen Blick auf die kommenden Kapitel der Reise Ihrer Seele zu werfen. Indem Sie dies tun, können Sie Ihre Energie mit der Zukunft, die Sie wünschen, in Einklang bringen und damit die Manifestation dieser Realität in der Gegenwart erleichtern. Also, Sie haben das Konzept verstanden, dass Sie ein aktiver Schöpfer in Ihrem Leben sind, und Sie haben sogar begonnen, die Tiefen Ihrer Vergangenheit und die Höhen Ihrer Zukunft zu erkunden, aber nichts davon wird von Bedeutung sein, wenn Sie nicht kristallklar darüber sind, was Sie wollen. Ich kann nicht genug betonen: Spezifität ist der Schlüssel. Denken Sie darüber nach: Wenn Sie in ein Restaurant gehen und einfach sagen "Ich habe Hunger", überlassen Sie dem Kellner die Entscheidung, was Sie essen werden. Sie könnten etwas bekommen, das Sie nicht mögen oder nicht essen können. Das gleiche Prinzip gilt für das

Leben. Wenn Sie unklar über Ihre Wünsche sind, wird das Universum die Lücken füllen, und es ist möglich, dass Ihnen nicht gefällt, was es wählt. Nehmen Sie sich also die Zeit, wirklich darüber nachzudenken, was Sie wollen, schreiben Sie es auf, sagen Sie es laut, machen Sie es in Ihrem Geist so real wie möglich. Sobald Sie klar darüber sind, was Sie wollen, ist der nächste Schritt, es sich vorzustellen, und ich meine nicht nur einen flüchtigen Gedanken oder eine vage Tagträumerei. Ich spreche von einer lebendigen, detaillierten und immersiven Vorstellung. Schließen Sie die Augen und sehen Sie es, fühlen Sie es, erleben Sie es, als ob es jetzt gerade passiert. Das ist mehr als nur eine mentale Übung, das ist eine mächtige Form der Schöpfung. Wenn Sie etwas mit solcher Intensität visualisieren, senden Sie eine starke Schwingungsfrequenz an das Universum. Sie sagen "Das ist, was ich will und ich weiß, dass es bereits meins ist". Ich habe diese Technik selbst angewendet, indem ich meine Bücher auf den Regalen der Buchhandlungen visualisierte, noch bevor sie veröffentlicht wurden, und raten Sie mal? Es hat funktioniert. Meine Bücher haben ihren Weg genau so auf diese Regale gefunden, wie ich sie in meinem Geist gesehen habe. Sie könnten sich fragen: Funktioniert das wirklich? Kann ich wirklich meine Wünsche manifestieren, indem ich einfach spezifisch bin und sie visualisiere? Erlauben Sie mir, Ihnen eine kleine Geschichte zu erzählen. Meine Tochter hatte Schwierigkeiten in der Krankenpflegeschule, überwältigt von der Arbeit und dem Druck. Aber anstatt in Verzweiflung zu verfallen, beschloss sie, ihren Erfolg zu visualisieren. Jede Nacht, bevor sie einschlief, schloss sie die Augen und sah sich selbst dabei, wie sie ihre Prüfungen bestand, ihre Aufgaben mühelos erledigte und schließlich auf die Bühne trat, um ihren Krankenpflegediplom zu erhalten. Und raten Sie mal, was passiert ist? Ihre Noten verbesserten sich, ihr Selbstvertrauen stieg und sie hat tatsächlich mit Bravour ihren Abschluss gemacht. Das ist keine Magie, das ist das Gesetz der Anziehung in Aktion. Ihr Geist ist ein mächtiges Werkzeug und wenn Sie ihn verwenden, um sich auf positive Ergebnisse zu konzentrieren, lösen Sie eine Reihe von Ereignissen aus, die diese Ergebnisse zur Realität werden lassen. Sprechen wir über etwas, das die Leute oft verwirrt: das Wie. Sie haben herausgefunden, was Sie wollen, Sie haben es visualisiert, aber dann beginnen Sie sich darüber zu sorgen, wie sich alles zusammenfügen wird. Hier ist die Sache: Sie müssen nicht wissen, wie das passieren wird. Tatsächlich kann es kontraproduktiv sein, sich um das Wie zu kümmern. Wenn Sie sich zu sehr auf die Mechanik konzentrieren, beschränken Sie die Fähigkeit des Universums, Ihre Wünsche auf unerwartete und wunderbare Weise zu erfüllen. Das Universum hat unendlich viele Möglichkeiten, Ihre Wünsche zu erfüllen, Wege, die Sie sich nicht einmal vorstellen können. Also lassen Sie sich nicht von Bedenken darüber, wie das passieren soll, einschränken. Konzentrieren Sie sich stattdessen auf das Was und das Warum und lassen Sie das Universum den

Rest erledigen. Vertrauen Sie darauf, dass die Dinge so geschehen werden, wie sie sollen, oft auf eine Weise, die Sie überrascht und erfreut. Das nächste Mal, wenn Sie in Details, Logistik oder das Wie verstrickt sind, treten Sie einen Schritt zurück und erinnern Sie sich daran, dass Ihre Aufgabe darin besteht, klar darüber zu sein, was Sie wollen und warum Sie es wollen, und senden Sie diesen Wunsch dann mit so viel positiver Energie wie möglich an das Universum. Das Wie ist nicht Ihre Sorge, das ist die Arbeit des Universums. Und lassen Sie mich Ihnen sagen, dass das Universum sehr gut in seiner Arbeit ist. Ich weiß, dass einige von Ihnen denken mögen: "Ich versuche, meine Wünsche zu manifestieren, aber nichts passiert. Die Zeit vergeht und ich werde nervös." Ich verstehe dieses Gefühl, aber lassen Sie mich Sie beruhigen.

Die Zeit ist eine Konstruktion, die wir geschaffen haben, um unserer irdischen Erfahrung einen Sinn zu geben. Im großen Schema der Dinge ist Zeit fließend. Es ist nicht Ihr Feind, es ist einfach ein Maß für Veränderung. Lassen Sie also nicht das Verstreichen der Zeit Druck auf Ihren Manifestationsprozess ausüben. Verwenden Sie stattdessen dieses Zeitgefühl, um Ihr Gefühl der Dringlichkeit positiv zu verstärken. Ergreifen Sie Maßnahmen, so klein sie auch sein mögen, die mit Ihren Wünschen im Einklang stehen, sei es, einen Anruf zu tätigen, einen Plan zu schreiben oder einfach nur jeden Tag Zeit für Visualisierungen einzuplanen. Diese Handlungen senden dem Universum eine starke

Botschaft, dass Sie es ernst meinen mit Ihren Absichten. Und während wir vom Zeitgefühl sprechen, lassen Sie uns über eine wunderbare Übung sprechen, die ich das Übung zur zukünftigen Progression nenne. Es handelt sich um eine geführte Visualisierung, bei der Sie sich in die Zukunft versetzen, um Ihre Wünsche zu leben, als ob sie sich bereits manifestiert hätten. Schließen Sie die Augen und stellen Sie sich vor, Sie stehen am Fuße einer großen Treppe. Jede Stufe, die Sie hinaufgehen, bringt Sie näher an Ihre Zukunft heran. Wenn Sie oben angekommen sind, finden Sie drei Türen: eine, die Sie ein Jahr in die Zukunft führt, eine weitere drei Jahre und die letzte fünf Jahre. Wählen Sie eine Tür, öffnen Sie sie und treten Sie hindurch. Während Sie gehen, lichtet sich der Nebel der Ungewissheit und Sie finden sich in Ihrer zukünftigen Realität wieder. Schauen Sie sich um. Was sehen Sie? Wer ist bei Ihnen? Wie fühlen Sie sich? Tauchen Sie in all das ein, und wenn Sie bereit sind, bringen Sie diese Vision zurück in die Gegenwart. Diese Übung erhöht nicht nur Ihre Manifestationskraft, sondern gibt Ihnen auch einen Vorgeschmack auf die wunderbaren Erfahrungen, die auf Sie warten. Sie haben die Arbeit getan. Sie haben Ihre Wünsche spezifiziert, visualisiert und sind sogar in die Zukunft gereist. Jetzt kommt der entscheidendste Teil: das Vertrauen. Vertrauen Sie den universellen Gesetzen, die unser Dasein regieren. Diese Gesetze sind genauso real wie das Gesetz der Schwerkraft und funktionieren, ob Sie daran glauben oder nicht. Aber der Glaube, meine Freunde, wirkt wie ein Katalysator. Wenn Sie darauf vertrauen, dass Ihre Wünsche auf dem Weg zu Ihnen sind, schaffen Sie einen mächtigen Energiestrudel, der den Manifestationsprozess beschleunigt. Es ist, als würden Sie dem Universum sagen: "Ich weiß, dass du das hast, und ich bin bereit, es zu empfangen." Vertrauen ist kein blindes Vertrauen, es ist ein tiefes Wissen, das aus dem Verständnis darüber kommt, wie das Universum funktioniert. Es ist das letzte Stück des Puzzles, der Schlüssel, der die Tür zu Ihren Wünschen öffnet. Ich möchte, dass Sie dieses Vertrauen mitnehmen. Vertrauen Sie sich selbst, vertrauen Sie dem Universum und vor allem vertrauen Sie der unglaublichen Schöpfungskraft, die zwischen den beiden existiert. Sie sind nicht nur ein Zuschauer in diesem großen Spiel des Lebens. Sie sind der Regisseur, der Schauspieler und das Publikum, alles in einem. Übernehmen Sie die Kontrolle, treffen Sie bewusste Entscheidungen und sehen Sie, wie sich das Universum neu ordnet, um Ihre Träume zu verwirklichen.

SCHLUSSFOLGERUNG

In diesem Buch haben wir gesehen, wie man die Kraft der Worte nutzt, um unsere Wünsche effektiv und harmonisch zu manifestieren. Wir haben verschiedene Werkzeuge und Techniken erkundet, um uns mit der höheren Realität zu verbinden, dieser unendlichen Quelle von Energie und Möglichkeiten, die wir das Universum nennen. Wir haben gelernt, Gebet, Meditation, Visualisierung, Gegenwart, Worte, spirituelle Führer und Meister zu nutzen, um mit dem Universum zu kommunizieren und seine Gaben zu empfangen. Wir haben auch entdeckt, wie man Dankbarkeit als letzter Schlüssel verwendet, um unsere Wünsche auf natürliche und harmonische Weise zu manifestieren.

Wir hoffen, dass dieses Buch Ihnen geholfen hat und Sie inspiriert hat, die Kraft der Worte zu nutzen, um Ihre Wünsche zu manifestieren. Denken Sie daran, dass Worte Energie, Information und Absicht sind. Sie sind das Mittel, mit dem wir unsere Gedanken, Gefühle und Handlungen zum Ausdruck bringen, und auch wie wir unsere Realität erschaffen.

Wir ermutigen Sie, weiterhin mit Worten zu experimentieren, Ihre Vorstellungskraft und Ihre Fähigkeit zur Innovation und Kreation zu nutzen, um mit dem Universum in Dialog zu treten. Wir ermutigen Sie, ein kontinuierliches Gespräch mit dem Universum zu führen, positiv und klar in Ihren Wünschen zu sein und die Energie Ihrer Worte ins Universum freizusetzen. Diese Praxis ist kein isoliertes Ereignis, sondern ein ständiger Dialog mit dem Universum.

Wir wünschen Ihnen alles Gute bei der Manifestation Ihrer Wünsche. Wir danken Ihnen, dass Sie dieses Buch gelesen haben, und dass Sie uns auf dieser Reise begleitet haben. Wir verabschieden uns mit Liebe und Dankbarkeit.

Entdecken Sie eine Welt des Wissens und der Inspiration

Besuchen Sie www.libriutili.it

Liebe Leserin, lieber Leser,

Wir hoffen, dass Sie in den Seiten dieses Buches Inspiration und Nutzen gefunden haben. Wenn Ihr Durst nach Wissen und persönlichem Wachstum noch nicht gestillt ist, haben wir eine besondere Überraschung für Sie!

Wir laden Sie ein, die Welt von LuminaLibria auf www.libriutili.it zu erkunden, wo eine Vielzahl von Büchern auf Sie wartet. LuminaLibria ist eine Oase für alle Arten von Lesern und bietet eine breite Palette von Genres, die Ihr Leseerlebnis bereichern werden.

Für kleine Entdecker: Entdecken Sie unsere Sammlung von Kinderbüchern und Märchen für Kinder, perfekt, um die Vorstellungskraft und Neugierde der Kleinsten anzuregen.

Für Kunst und Entspannung: Lassen Sie sich von unseren Malbüchern für Erwachsene und Kinder faszinieren, eine kreative Möglichkeit, sich zu entspannen und auszudrücken.

Für persönliches Wachstum: Erforschen Sie unsere Bücher über Persönlichkeitsentwicklung, persönliches

Wachstum und Biografien, um sich auf Ihrem Lebensweg inspirieren und motivieren zu lassen.

Für neugierige Geister: Vertiefen Sie Ihre spirituelle Reise mit unseren Büchern zu spirituellen Themen.

Dies ist nur ein kleiner Teil dessen, was LuminaLibria zu bieten hat. Wir glauben, dass jedes Buch ein Fenster zu neuen Welten, Ideen und Möglichkeiten ist. Egal, ob Sie nach Abenteuer, Wissen oder Inspiration suchen, auf www.libriutili.it finden Sie ein Buch, das Ihr Herz berühren wird. **Und vergessen Sie nicht, dass Sie auf der Website Bücher auf Italienisch, Englisch, Deutsch und Spanisch finden.**

Scannen Sie den untenstehenden QR-Code, um Ihre Reise in die Welt der Bücher von LuminaLibria zu beginnen.

Vielen Dank, dass Sie uns auf dieser Entdeckungs- und Wachstumsreise begleitet haben. Wir freuen uns darauf, Sie mit LuminaLibria noch mehr erkunden zu sehen.

Viel Spaß beim Lesen und weiterhin viel Freude beim Entdecken!

Das Team von LuminaLibria